Cycle des approfondissements

CM 1

MOTS CROISÉS

Didier Aucagne

ÉDITIONS MDI

Il est recommandé de réaliser en début d'année des photocopies de chaque fiche en autant d'exemplaires qu'il y a d'élèves dans la classe et de plastifier ces photocopies.

Composition et mise en page : MÉDIAMAX

053751

ISBN 2 223 10897 0
Dépôt légal n° 2803 – Février 2006

N° d'éditeur : 10126378 - Imprimé en France par EMD S.A.S - N° d'imprimeur : 14960 - Dépôt légal : février 2006

Avant-propos

• Ces mots croisés sont thématiques. Chaque thème a pour objectif de sensibiliser les élèves à de nouvelles disciplines plus spécifiques : histoire, géographie, sciences, éducation civique…
Beaucoup de définitions concernent la grammaire ou la conjugaison.

• Les règles précédant la partie « Exercices » doivent simplement permettre à l'élève de retrouver les éléments clés pour réussir un exercice.
Ces activités sont souvent présentées de la manière suivante :
orthographe d'usage – vocabulaire / grammaire / conjugaison.
Elles veulent aller à l'essentiel et ancrer des habitudes, des réflexes chez l'élève.

• Les **dictées** sont pour l'enseignant et l'élève des évaluations.
Elles sont regroupées en fin de classeur. Les mots soulignés sont les mots repris dans les mots croisés ou dans les exercices.

1

NOTIONS ABORDÉES :

***et / ai / est / es* – la nature des mots – les trois groupes des verbes**

HORIZONTALEMENT

A Planète du système solaire.
B Verbe *étirer* au participe passé.
C Verbe *rôder* au passé simple, 3e personne du singulier.
D Cette syllabe doublée donne le nom d'un oiseau de dessin animé, copain de Gros Minet – verbe *nier* au passé simple, 3e personne du singulier.
F Tu le lances quand tu joues au jeu de l'oie – adjectif possessif pluriel.

VERTICALEMENT

1 C'est la couleur des feuillages en été.
2 Le soleil en est une.
3 C'est le berceau des oisillons.
4 Planète du système solaire.
5 Marque la forme pronominale du verbe.
6 Planète visitée par des robots américains.

	1	2	3	4	5	6
A						■
B						■
C					■	
D			■			
E	■		■		■	
F			■			

EXERCICES

avec le rappel de la règle

1 *est / es / ai / et*

***est* = était – *es* = tu es (être),**
***ai* = j'ai (avoir) – *et* = et puis**

Complète par *ai*, *es*, *est*, ou *et*.

Mercure .... la plus petite planète.

Cette nuit, j'........ observé les étoiles.

Tu .... un Terrien.

Mars ......-elle habitée par des petits hommes verts ?

Jupiter, Saturne, Uranus, ... Neptune sont constituées de gaz.

2 Nature des mots

Classe ces mots dans le tableau ci-dessous en retrouvant leur nature.

Planète – astronaute – composer – une – différent – autour – télescope – comprendre – observer – quatrième – les.

Attention, il y a un intrus.

L'intrus est .... ; c'est un ....

NOM	DÉTERMINANT	VERBE	ADJECTIF QUALIFICATIF

3 Les trois groupes des verbes

1er groupe = infinitif terminé par *er*,
2e groupe = infinitif terminé par *ir*,
et 1re personne du pluriel au présent terminée par *issons*, 3e groupe = les autres

Complète le tableau avec des verbes de ton choix.

1er GROUPE	2e GROUPE	3e GROUPE

NOM : **PRÉNOM :**

1

NOTIONS ABORDÉES :

***et / ai / est / es* – la nature des mots – les trois groupes des verbes**

CORRIGÉS

HORIZONTALEMENT

A Planète du système solaire.
B Verbe *étirer* au participe passé.
C Verbe *rôder* au passé simple, 3e personne du singulier.
D Cette syllabe doublée donne le nom d'un oiseau de dessin animé, copain de Gros Minet – verbe *nier* au passé simple, 3e personne du singulier.
F Tu le lances quand tu joues au jeu de l'oie – adjectif possessif pluriel.

VERTICALEMENT

1 C'est la couleur des feuillages en été.
2 Le soleil en est une.
3 C'est le berceau des oisillons.
4 Planète du système solaire.
5 Marque la forme pronominale du verbe.
6 Planète visitée par des robots américains.

	1	2	3	4	5	6
A	V	E	N	U	S	
B	E	T	I	R	E	
C	R	O	D	A		M
D	T	I		N	I	A
E		L		U		R
F	D	E		S	E	S

EXERCICES

avec le rappel de la règle

1 *est / es / ai / et*

***est* = était – *es* = tu es (être),**
***ai* = j'ai (avoir) – *et* = et puis**
Complète par *ai*, *es*, *est*, ou *et*.

Mercure *est* la plus petite planète.

Cette nuit, j'*ai* observé les étoiles.

Tu *es* un Terrien.

Mars *est*-elle habitée par des petits hommes verts ?

Jupiter, Saturne, Uranus, *et* Neptune sont constituées de gaz.

2 Nature des mots

Classe ces mots dans le tableau ci-dessous en retrouvant leur nature.

Planète – astronaute – composer – une – différent – autour – télescope – comprendre – observer – quatrième – les.

Attention, il y a un intrus.

L'intrus est *autour* ; c'est un *adverbe*.

NOM	DÉTER-MINANT	VERBE	ADJECTIF QUALIFICATIF
planète *astronaute* *télescope*	*une* *les*	*composer* *comprendre* *observer*	*différent* *quatrième*

3 Les trois groupes des verbes

1er groupe = infinitif terminé par *er*,
2e groupe = infinitif terminé par *ir*,
et 1re personne du pluriel au présent terminée par *issons*, 3e groupe = les autres

Complète le tableau avec des verbes de ton choix.

1er GROUPE	2e GROUPE	3e GROUPE
danser *ricaner* *planer*	*pâlir* *finir* *nourrir*	*faire* *dormir* *aller*

NOM : **PRÉNOM :**

2

NOTIONS ABORDÉES :

***son / sont / on / ont* – le genre du nom – le présent**

HORIZONTALEMENT

A Le temps écoulé entre deux événements.
B On le lance pour connaître le nombre de cases dont on déplace son jeton – On y place le poulet pour le cuire.
C Le pluriel de *lui* – Il s'utilise en cuisine et se présente en gousse.
D Donne l'adjectif qualificatif *populaire*.
E Métal jaune précieux – Nom d'une île reliée à la terre par un grand pont.
F Propre à l'hiver.
G Participe passé du verbe *avoir*.
H Fleur des rois de France.
I Verbe *suer* au présent, 1re personne du singulier – Terminaison des verbes du 2e groupe à la 2e personne du singulier au présent – Participe passé du verbe *rire*.

VERTICALEMENT

1 Préposition – Ils mangent les souris.
2 Verbe *pouvoir* au présent, 1re personne du singulier.
3 Forme géométrique qui représente un œuf.
4 Initiales de la république française – Les vaches y paissent.
5 On reconnaît son odeur en arrivant au bord de mer – Indique une condition.
6 Indique un choix à faire – Quand on vote, on y dépose son bulletin.
7 Celui de la France est « bleu, blanc, rouge » (au pluriel).
8 Pronom personnel masculin singulier.
9 Ne pas confondre celles de la maison et celles de la voiture – Il en faut deux pour s'élancer sur les pistes enneigées.

	1	2	3	4	5	6	7	8	9
A	■								■
B			■					■	
C				■		■			
D	■		■						
E		■			■			■	
F									■
G		■		■	■			■	
H		■				■		■	
I				■			■		

EXERCICES

avec le rappel de la règle

1 *son / sont – on / ont*

***Son* = adjectif possessif, pluriel *ses* –**
Sont* = verbe *être*, à l'imparfait *étaient

Complète par *son, sont, on, ont.*

.... habite en France.

Les Français .... sportifs.

Ils .... de grands parcs pour courir.

.... a de la chance de découvrir des paysages si variés.

.... chien et .... cheval .... ses animaux préférés.

2 Genre du nom

Classe ces mots dans le tableau ci-dessous en reconnaissant leur genre.

Liberté – paysage – après-midi – vue – saison – histoire – planisphère – atmosphère.

NOMS MASCULINS	NOMS FÉMININS

3 Présent

Aux trois personnes du singulier : terminaisons des verbes du 1er groupe = *e, es, e* ;
du 2e groupe = *is, is, it*

Complète avec la bonne terminaison.

Je fin..... – tu fin..... – elle pli..... – il grand..... –

elle rug.... – tu chauss.... – je jou.... – je défin.... –

tu surf..... – tu établ..... – je surg..... – tu déval.....

NOM : **PRÉNOM :**

NOTIONS ABORDÉES :

son / sont / on / ont **– le genre du nom – le présent**

HORIZONTALEMENT

A Le temps écoulé entre deux événements.
B On le lance pour connaître le nombre de cases dont on déplace son jeton – On y place le poulet pour le cuire.
C Le pluriel de *lui* – Il s'utilise en cuisine et se présente en gousse.
D Donne l'adjectif qualificatif *populaire*.
E Métal jaune précieux – Nom d'une île reliée à la terre par un grand pont.
F Propre à l'hiver.
G Participe passé du verbe *avoir*.
H Fleur des rois de France.
I Verbe *suer* au présent, 1re personne du singulier – Terminaison des verbes du 2e groupe à la 2e personne du singulier au présent – Participe passé du verbe *rire*.

VERTICALEMENT

1 Préposition – Ils mangent les souris.
2 Verbe *pouvoir* au présent, 1re personne du singulier.
3 Forme géométrique qui représente un œuf.
4 Initiales de la république française – Les vaches y paissent.
5 On reconnaît son odeur en arrivant au bord de mer – Indique une condition.
6 Indique un choix à faire – Quand on vote, on y dépose son bulletin.
7 Celui de la France est « bleu, blanc, rouge » (au pluriel).
8 Pronom personnel masculin singulier.
9 Ne pas confondre celles de la maison et celles de la voiture – Il en faut deux pour s'élancer sur les pistes enneigées.

	1	2	3	4	5	6	7	8	9
A	■	P	E	R	I	O	D	E	■
B	D	E	■	F	O	U	R	■	C
C	E	U	X	■	D	■	A	I	L
D	■	X	■	P	E	U	P	L	E
E	C	■	O	R	■	R	E	■	S
F	H	I	V	E	R	N	A	L	■
G	A	■	A	■	■	E	U	■	S
H	T	■	L	Y	S	■	X	■	K
I	S	U	E	■	I	S	■	R	I

EXERCICES

avec le rappel de la règle

1 son / sont – on / ont

Son **= adjectif possessif, pluriel** ***ses*** **–**
Sont **= verbe** ***être*****, à l'imparfait** ***étaient***

Complète par *son, sont, on, ont.*

On habite en France.

Les Français *sont* sportifs.

Ils *ont* de grands parcs pour courir.

On a de la chance de découvrir des paysages si variés.

Son chien et *son* cheval *sont* ses animaux préférés.

2 Genre du nom

Classe ces mots dans le tableau ci-dessous en reconnaissant leur genre.

Liberté – paysage – après-midi – vue – saison – histoire – planisphère – atmosphère.

NOMS MASCULINS	NOMS FÉMININS
paysage *après-midi* *planisfère*	*liberté* *vue* *saison* *histoire* *atmosphère*

3 Présent

Aux trois personnes du singulier : terminaisons des verbes du 1er groupe = e, es, e ;
du 2e groupe = ***is, is, it***

Complète avec la bonne terminaison.

Je fin*is* – tu fin*is* – elle pli*e* – il grand*it* –

elle rug*it* – tu chauss*es* – je jou*e* – je défin*is* –

tu surf*es* – tu établ*is* – je surg*is* – tu dévales

NOM :

PRÉNOM :

3

NOTIONS ABORDÉES :

***s* ou *ss* – les accords avec le sujet – le présent**

HORIZONTALEMENT

A Une agglomération plus grosse qu'un village.
B Pronom personnel, 3e personne du masculin singulier – C'est douze mois.
C Déterminant indéfini pluriel.
D Terminaison des verbes du 1er groupe, 2e personne du singulier – Synonyme de *contrarié*, *attristé*.
F Louis XIV est le plus connu – Côté, pourtour.
G Faire avancer une barque.
H La France est bordée par plusieurs : celle du Nord, celle de la Manche, par exemple.

VERTICALEMENT

1 Nom venant du verbe *vider*.
2 Morceaux de terre en pleine mer – conjonction de coordination.
3 Interjection signifiant que l'on a faim.
4 Déterminant défini féminin singulier – Pronom personnel 1re personne du singulier, masculin ou féminin.
5 Verbe du 1er groupe signifiant *franchir un obstacle en étendant les jambes*.
6 Au pluriel, métal jaune précieux.
7 Verbe du 1er groupe synonyme de maintenir vigoureusement.
8 Verbe *dire* au présent, 3e personne du singulier.

	1	2	3	4	5	6	7	8
A						■		■
B			■					
C				■		■		■
D			■					
E		■		■		■		■
F				■				
G	■						■	
H	■	■					■	

EXERCICES
avec le rappel de la règle

1 *s* ou *ss*

Pour obtenir le son *s* entre deux voyelles, je double le *s*.

Complète. Attention, il y a un intrus (tu peux t'aider du dictionnaire).

Un en.... emble – se repo.... er – une fa.... ade – un fo.... é – une frai.... e – un ba.... in – Veni.... e – la ca.... erole – la mai.... on – une trou.... e

2 Les accords avec le sujet

Mets le sujet au pluriel et fais les accords nécessaires.

La gondole est longue.

....

Le pigeon s'envole.

....

Le canal de Venise est illuminé.

....

La ruelle est déserte.

....

3 Présent

Mets les verbes au présent et complète la phrase en ajoutant un complément.

Nous *(enrager)* ....

....

Je *(être)* .... car

j'*(avoir)* ....

Nous *(devoir)* ....

et nous *(prendre)* ....

NOM : **PRÉNOM :**

3

NOTIONS ABORDÉES :

***s* ou *ss* – les accords avec le sujet – le présent**

CORRIGÉS

HORIZONTALEMENT

- **A** Une agglomération plus grosse qu'un village.
- **B** Pronom personnel, 3e personne du masculin singulier – C'est douze mois.
- **C** Déterminant indéfini pluriel.
- **D** Terminaison des verbes du 1er groupe, 2e personne du singulier – Synonyme de *contrarié, attristé*.
- **F** Louis XIV est le plus connu – Côté, pourtour.
- **G** Faire avancer une barque.
- **H** La France est bordée par plusieurs : celle du Nord, celle de la Manche, par exemple.

VERTICALEMENT

- **1** Nom venant du verbe *vider*.
- **2** Morceaux de terre en pleine mer – conjonction de coordination.
- **3** Interjection signifiant que l'on a faim.
- **4** Déterminant défini féminin singulier – Pronom personnel 1re personne du singulier, masculin ou féminin.
- **5** Verbe du 1er groupe signifiant *franchir un obstacle en étendant les jambes*.
- **6** Au pluriel, métal jaune précieux.
- **7** Verbe du 1er groupe synonyme de maintenir vigoureusement.
- **8** Verbe *dire* au présent, 3e personne du singulier.

	1	2	3	4	5	6	7	8
A	V	I	L	L	E	■	S	■
B	I	L	■	A	N	N	E	E
C	D	E	S	■	J	■	R	■
D	E	S	■	N	A	V	R	E
E	U	■	M	■	M	■	E	■
F	R	O	I	■	B	O	R	D
G	■	R	A	M	E	R	■	I
H	■	■	M	E	R	S	■	T

EXERCICES

avec le rappel de la règle

1 *s* ou *ss*

Pour obtenir le son *s* entre deux voyelles, je double le *s*.

Complète. Attention, il y a un intrus (tu peux t'aider du dictionnaire).

Un en*s*emble – se repo*s*er – une fa*ç*ade – un fo*ss*é – une frai*s*e – un ba*ss*in – Veni*s*e – la ca*ss*erole – la mai*s*on – une trou*ss*e

2 Les accords avec le sujet

Mets le sujet au pluriel et fais les accords nécessaires.

La gondole est longue.

Les gondoles sont longues.

Le pigeon s'envole.

Les pigeons s'envolent.

Le canal de Venise est illuminé.

Les canaux de Venise sont illuminés.

La ruelle est déserte.

Les ruelles sont désertes.

3 Présent

Mets les verbes au présent et complète la phrase en ajoutant un complément.

Nous *enrageons de voir tous ces déchets.*

Je *suis triste* car j'*ai mal aux pieds.*

Nous *devons visiter Venise*

et nous *prenons l'avion.*

NOM : **PRÉNOM :**

4

NOTIONS ABORDÉES :

les accents – phrase nominale, phrase verbale – le présent des verbes du 3ᵉ groupe

HORIZONTALEMENT

A Synonyme de *propre, bien entretenu* – Ils sont tirés par les canons sur les ennemis.
B Verbe *être* au présent, 2ᵉ personne du pluriel – Pronom indéfini.
C Contraire de reposés.
D Signifie *pareil, identique*.
E Celle des élèves de la classe est alphabétique.
F Adjectif possessif féminin singulier.
G Contraire de *congeler*.
H Longue période de l'histoire – Conjonction de coordination, unit deux mots de même nature.

VERTICALEMENT

1 Nom ancien des bateaux à voiles – Note de musique, la première de la gamme.
2 Autre nom d'un pays – Préposition.
3 Partie du corps rattachée au tronc par le cou – Elle est souvent bordée de sable battu par les vagues.
4 Trace laissée par un bateau dans la mer ou par un avion dans le ciel.
6 Instrument qui permet de se diriger en mer ou en randonnée.
7 Déterminant indéfini féminin singulier – Conjonction qui annonce une suite.
8 Elle mouille le front en été.

	1	2	3	4	5	6	7	8
A				■				
B					■			■
C								
D	■				■		■	
E		■	■					
F		■			■		■	
G	■							
H	■				■			■

EXERCICES

avec le rappel de la règle

1 Découpe les mots en syllabes.

Si le e se retrouve seul, il faut mettre un accent.
In – te – res – sant, il faut mettre un accent sur le e de la 2ᵉ syllabe = *té*.

Complète par le bon accent.

L'epoque – fatigue – un equipage – americain – la planete – une recolte – telephoner – la fete – le lievre

2 Types de phrases

Phrase nominale = pas de verbe conjugué.
Phrase verbale = avec au moins un verbe conjugué.

Transforme les phrases suivantes en phrase nominale ou phrase verbale.

Cap à l'ouest.

....

L'embarquement a eu lieu le 3 août 1492.

....

Christophe Colomb débarque sur un nouveau continent.

....

3 Présent

Mets les verbes au présent et termine les phrases en ajoutant un complément.

Ils *(suivre)* ....

....

Il *(mettre)* ....

....

Ils *(apercevoir)* ....

....

Nous *(rejoindre)* ....

....

NOM : **PRÉNOM :**

4

CORRIGÉS

NOTIONS ABORDÉES :

les accents – phrase nominale, phrase verbale – le présent des verbes du 3e groupe

HORIZONTALEMENT

- **A** Synonyme de *propre, bien entretenu* – Ils sont tirés par les canons sur les ennemis.
- **B** Verbe *être* au présent, 2e personne du pluriel – Pronom indéfini.
- **C** Contraire de reposés.
- **D** Signifie *pareil, identique*.
- **E** Celle des élèves de la classe est alphabétique.
- **F** Adjectif possessif féminin singulier.
- **G** Contraire de *congeler*.
- **H** Longue période de l'histoire – Conjonction de coordination, unit deux mots de même nature.

VERTICALEMENT

- **1** Nom ancien des bateaux à voiles – Note de musique, la première de la gamme.
- **2** Autre nom d'un pays – Préposition.
- **3** Partie du corps rattachée au tronc par le cou – Elle est souvent bordée de sable battu par les vagues.
- **4** Trace laissée par un bateau dans la mer ou par un avion dans le ciel.
- **6** Instrument qui permet de se diriger en mer ou en randonnée.
- **7** Déterminant indéfini féminin singulier – Conjonction qui annonce une suite.
- **8** Elle mouille le front en été.

	1	2	3	4	5	6	7	8
A	N	E	T	■	O	B	U	S
B	E	T	E	S	■	O	N	■
C	F	A	T	I	G	U	E	S
D	■	T	E	L	■	S	■	U
E	D	■	■	L	I	S	T	E
F	O	■	M	A	■	O	■	U
G	■	D	E	G	E	L	E	R
H	■	E	R	E	■	E	T	■

EXERCICES

avec le rappel de la règle

1 Découpe les mots en syllabes.

Si le e se retrouve seul, il faut mettre un accent.
In – te – res – sant, il faut mettre un accent sur le e de la 2e syllabe = *té*.

Complète par le bon accent.

L'*é*poque – fatigu*é* – un *é*quipage – am*é*ricain – la plan*è*te – une r*é*colte – t*é*l*é*phoner – la f*ê*te – le li*è*vre

2 Types de phrases

Phrase nominale = pas de verbe conjugué.
Phrase verbale = avec au moins un verbe conjugué.

Transforme les phrases suivantes en phrase nominale ou phrase verbale.

Cap à l'ouest.

Le cap est à l'ouest.

L'embarquement a eu lieu le 3 août 1492.

Embarquement le 3 août 1492.

Christophe Colomb débarque sur un nouveau continent.

Débarquement de Christophe Colomb sur un nouveau continent.

3 Présent

Mets les verbes au présent et termine les phrases en ajoutant un complément.

Ils *suivent leur chemin.*

Il *met le cap sur l'Amérique.*

Ils *aperçoivent de nouvelles montagnes.*

Nous *rejoignons la route principale.*

NOM : **PRÉNOM :**

5

NOTIONS ABORDÉES :

les noms féminins en ée – sujet / verbe

HORIZONTALEMENT

A Terminaison au présent de la 3e personne du pluriel des verbes du 1er groupe – Se trouvent à l'extrémité des bras.
B Elle s'oppose au blanc ou au noir.
C Mesure chinoise – Arbres qui restent verts en hiver.
D Ils composent notre squelette – Arbre qui reste vert en hiver.
E Synonyme de *chagrins* – Participe passé du verbe *pouvoir*.
F Conjonction de coordination qui annonce une suite – Ouvrier chargé d'une opération de triage.
G Verbe *tuer* au passé simple, 3e personne du singulier – Participe passé du verbe *rire*.
H Accompagne *pas* à la forme négative – Participe passé du verbe *naître* au féminin pluriel.
I Contraire de *menteur*, synonyme de *franc*.

VERTICALEMENT

1 Boiteux, estropié.
2 Fruits du noisetier.
3 Pronom personnel, 2e personne du singulier.
4 Contraire de *proche*.
5 Pronom personnel singulier, 1re personne – Métal très utilisé.
6 Déterminant contracté masculin singulier – En mathématique, + est celui de l'addition.
7 Fleur jaune ou mauve – Terminaison des verbes du 1er groupe à l'infinitif.
8 Pour l'obtenir, on écrase des pommes de terre.
9 C'est le régal des chats.

	1	2	3	4	5	6	7	8	9
A				■					
B								■	■
C			■		■	■			
D			■			■		■	
E							■		
F			■						
G	■				■		■		
H			■		■				
I	■								■

EXERCICES

avec le rappel de la règle

1 Les noms féminins en *é, té, tié* se terminent souvent par *ée*.

Complète. Attention, il y a un piège (vérifie dans le dictionnaire).

L'assembl..... – la vall..... – la travers..... –
la fum.... – l'araign.... – la coul.... –
une pellet.... – la rentr..... – l'ami.....

2 Sujet / verbe

Souligne le sujet en bleu et le verbe en rouge.

De notre poche nous sortons chacun notre plus belle bille.

Quant à moi, je joue avec Étienne, mon fidèle camarade.

Papa met de grosses pierres au bas de la colline.

3 Présent des verbes du 1er groupe se terminant par *ger* à l'infinitif
Je place un e avant le *g* devant *a* ou *o*.

Conjugue au présent.

Ranger :
je ....
tu ....
nous ....

Échanger :
tu ....
nous ....
vous ....

Bouger :
tu ....
nous ....
ils ....

NOM : **PRÉNOM :**

5

NOTIONS ABORDÉES :

les noms féminins en ée – sujet / verbe

CORRIGÉS

HORIZONTALEMENT

A Terminaison au présent de la 3e personne du pluriel des verbes du 1er groupe – Se trouvent à l'extrémité des bras.
B Elle s'oppose au blanc ou au noir.
C Mesure chinoise – Arbres qui restent verts en hiver.
D Ils composent notre squelette – Arbre qui reste vert en hiver.
E Synonyme de *chagrins* – Participe passé du verbe *pouvoir*.
F Conjonction de coordination qui annonce une suite – Ouvrier chargé d'une opération de triage.
G Verbe *tuer* au passé simple, 3e personne du singulier – Participe passé du verbe *rire*.
H Accompagne *pas* à la forme négative – Participe passé du verbe *naître* au féminin pluriel.
I Contraire de *menteur*, synonyme de *franc*.

VERTICALEMENT

1 Boiteux, estropié.
2 Fruits du noisetier.
3 Pronom personnel, 2e personne du singulier.
4 Contraire de *proche*.
5 Pronom personnel singulier, 1re personne – Métal très utilisé.
6 Déterminant contracté masculin singulier – En mathématique, + est celui de l'addition.
7 Fleur jaune ou mauve – Terminaison des verbes du 1er groupe à l'infinitif.
8 Pour l'obtenir, on écrase des pommes de terre.
9 C'est le régal des chats.

	1	2	3	4	5	6	7	8	9
A	E	N	T	■	M	A	I	N	S
B	C	O	U	L	E	U	R	■	■
C	L	I	■	O	■	■	I	F	S
D	O	S	■	I	F	■	S	■	O
E	P	E	I	N	E	S	■	P	U
F	E	T	■	T	R	I	E	U	R
G	■	T	U	A	■	G	■	R	I
H	N	E	■	I	■	N	E	E	S
I	■	S	I	N	C	E	R	E	■

EXERCICES

avec le rappel de la règle

1 Les noms féminins en *é*, *té*, *tié* se terminent souvent par ée.

Complète. Attention, il y a un piège (vérifie dans le dictionnaire).

L'assembl*ée* – la vall*ée* – la travers*ée* –

la fum*ée* – l'araign*ée* – la coul*ée* –

une pellet*ée* – la rentr*ée* – l'ami*tié*

2 Sujet / verbe

Souligne le sujet en bleu et le verbe en rouge.

De notre poche nous sortons chacun notre plus belle bille.

Quant à moi, je joue avec Étienne, mon fidèle camarade.

Papa met de grosses pierres au bas de la colline.

3 Présent des verbes du 1er groupe se terminant par *ger* à l'infinitif

Je place un e avant le *g* devant *a* ou *o*.

Conjugue au présent.

Ranger :

je *range*

tu *ranges*

nous *rangeons*

Bouger :

tu *bouges*

nous *bougeons*

ils *bougent*

Échanger :

tu *échanges*

nous *échangeons*

vous *échangez*

NOM : **PRÉNOM :**

6

NOTIONS ABORDÉES :

les mots invariables – le pluriel des noms composés – les verbes en *dre* au présent

HORIZONTALEMENT

A Adjectif démonstratif masculin singulier – Sorte de boîte avec couvercle rabattant pour ranger les jouets.
B Participe passé du verbe *choir* – Il nous entoure, mais est souvent pollué, il nous permet de respirer.
C Carte à jouer – Verbe *avoir* au présent à la 1re personne du singulier.
D Terminaison des mots venus du latin : *aquarium, rhum, album, ...* – Première syllabe de *petit*.
E Pronom personnel indéfini – Synonyme de *remuer*.
F Négation de *et*.
G Jouet tout doux que l'on donne aux bébés.
H Ancienne monnaie de France, au temps des rois – Préposition signifiant *dans*.
I Ils maintiennent les pieds du cavalier.

VERTICALEMENT

1 Participe passé du verbe *crayonner*.
2 Négation de *et... et* – Adjectif démonstratif masculin singulier.
3 Verbe *pouvoir* au passé simple, 3e personne du singulier.
4 La pièce dans laquelle on dort.
5 Le contraire de *non*.
6 C'est la petite coupe dans laquelle est fixé le gland.
7 Nom d'un gâteau breton.
8 Participe passé du verbe *rire* – Fruits d'été à la peau veloutée.
9 Aller sans but, sans savoir où l'on va – Préposition souvent placée devant un participe présent.

	1	2	3	4	5	6	7	8	9
A			■						
B		■				■			
C			■			■		■	
D		■			■		■		
E			■						
F			■		■		■		■
G		■							
H				■	■		■		
I	■								■

EXERCICES

avec le rappel de la règle

1 Mots invariables

Entoure les mots invariables.

Dans – un jouet – la lampe – secret – soudain – aussitôt – une flûte – la classe – alors – la musique – jouant

2 Noms composés

***Règles générales :* nom + nom ou adjectif = les deux se mettent au pluriel.**
***Exemple :* des wagons-lits.**
Nom + préposition + nom = 1er nom pluriel, 2e nom singulier. *Exemple :* des arcs-en-ciel.
Verbe + nom = verbe singulier, nom pluriel.
***Exemple :* des tire-bouchons.**

Mets au pluriel.

Un couvre-lit : ....

Un chef-d'œuvre : ....

Un chou-fleur : ....

Un garde-malade : ....

Un grand-père : ....

Un coupe-gorge : ....

3 Présent des verbes en *dre*

Terminaisons : *...ds, ...ds, ...d, ...ons, ...ez, ...ent*

Conjugue.

Prendre :
je ....
tu ....
il ....

Attendre :
nous ....
ils ....
vous ....

Vendre :
elles ....
nous ....
tu ....

Coudre :
je ....
vous ....
elle ....

NOM : **PRÉNOM :**

6

NOTIONS ABORDÉES :

CORRIGÉS

les mots invariables – le pluriel des noms composés – les verbes en *dre* au présent

HORIZONTALEMENT

A Adjectif démonstratif masculin singulier – Sorte de boîte avec couvercle rabattant pour ranger les jouets.
B Participe passé du verbe *choir* – Il nous entoure, mais est souvent pollué, il nous permet de respirer.
C Carte à jouer – Verbe *avoir* au présent à la 1re personne du singulier.
D Terminaison des mots venus du latin : *aquarium, rhum, album, ...* – Première syllabe de *petit*.
E Pronom personnel indéfini – Synonyme de *remuer*.
F Négation de *et*.
G Jouet tout doux que l'on donne aux bébés.
H Ancienne monnaie de France, au temps des rois – Préposition signifiant *dans*.
I Ils maintiennent les pieds du cavalier.

VERTICALEMENT

1 Participe passé du verbe *crayonner*.
2 Négation de *et... et* – Adjectif démonstratif masculin singulier.
3 Verbe *pouvoir* au passé simple, 3e personne du singulier.
4 La pièce dans laquelle on dort.
5 Le contraire de *non*.
6 C'est la petite coupe dans laquelle est fixé le gland.
7 Nom d'un gâteau breton.
8 Participe passé du verbe *rire* – Fruits d'été à la peau veloutée.
9 Aller sans but, sans savoir où l'on va – Préposition souvent placée devant un participe présent.

	1	2	3	4	5	6	7	8	9
A	*C*	*E*	■	*C*	*O*	*F*	*F*	*R*	*E*
B	*R*	■	*C*	*H*	*U*	■	*A*	*I*	*R*
C	*A*	*S*	■	*A*	*I*	■	*R*	■	*R*
D	*Y*	■	*U*	*M*	■	*C*	■	*P*	*E*
E	*O*	*N*	■	*B*	*O*	*U*	*G*	*E*	*R*
F	*N*	*I*	■	*R*	■	*P*	■	*C*	■
G	*N*	■	*P*	*E*	*L*	*U*	*C*	*H*	*E*
H	*E*	*C*	*U*	■	■	*L*	■	*E*	*N*
I	■	*E*	*T*	*R*	*I*	*E*	*R*	*S*	■

EXERCICES

avec le rappel de la règle

1 Mots invariables

Entoure les mots invariables.

(Dans) – un jouet – la lampe – secret – (soudain) – (aussitôt) – une flûte – la classe – (alors) – la musique – (jouant)

2 Noms composés

***Règles générales :* nom + nom ou adjectif = les deux se mettent au pluriel.**
***Exemple :* des wagons-lits.**
Nom + préposition + nom = 1er nom pluriel, 2e nom singulier. *Exemple :* des arcs-en-ciel.
Verbe + nom = verbe singulier, nom pluriel.
***Exemple :* des tire-bouchons.**

Mets au pluriel.

Un couvre-lit : *des couvre-lits*
Un chef-d'œuvre : *des chefs-d'œuvre*
Un chou-fleur : *des choux-fleurs*
Un garde-malade : *des garde-malades*
Un grand-père : *des grands-pères*
Un coupe-gorge : *des coupe-gorges*

3 Présent des verbes en *dre*

Terminaisons : *...ds, ...ds, ...d, ...ons, ...ez, ...ent*

Conjugue.

Prendre :
je *prends*
tu *prends*
il *prend*

Attendre :
nous *attendons*
ils *attendent*
vous *attendez*

Vendre :
elles *vendent*
nous *vendons*
tu *vends*

Coudre :
je *couds*
vous *cousez*
elle *coud*

NOM : **PRÉNOM :**

les mots en *ot, os, op* – les types de phrases – le présent : révisions

HORIZONTALEMENT

A Pâtisserie du petit déjeuner ou du goûter.
B Rongeurs – Pronom personnel indéfini.
C Verbe synonyme de *enlever* au passé simple, 3e personne du singulier – Mot anglais signifiant *amplificateur de radio ou de télévision.*
D Serpent dangereux, sa tête porte un V.
E Il en faut plusieurs pour faire un joli collier.
F Pronom personnel, 3e personne du singulier – Mot anglais contraire de *yes.*
G C'est aussi le nom de l'extrémité des pattes des chevaux – Ils ne sont pas habillés.

VERTICALEMENT

1 Dessins rapides.
2 Rongeur plus gros que la souris – Déterminant féminin singulier.
3 Verbe synonyme de *enlever* au passé simple, 3e personne du singulier.
4 Terminaison des verbes du 2e groupe au présent à la 2e personne du singulier – Mot familier signifiant *bicyclette.*
5 Il peut être dangereux avec une arme.
6 Contraire de *raide*, synonyme d'*élastique.*
7 365 jours ou 12 mois.
8 Terminaison de l'infinitif des verbes du 1er groupe – Sans vêtements.
9 Il faut en prendre quand on est fatigué.

	1	2	3	4	5	6	7	8	9
A									
B					■			■	■
C				■					
D		■	■						
E		■						■	
F			■		■		■		
G						■			

EXERCICES

avec le rappel de la règle

1 Mots en *oc, os, op*

Pour trouver la terminaison, mettre le mot au féminin ou chercher le verbe.

Indique la terminaison des mots suivants ; utilise ton dictionnaire si nécessaire.

Du siro..... – un sabo..... – le repo..... –

un harico..... – un abrico..... – aussitô..... –

le galo..... – un mancho..... – un robo..... –

un accro.....

2 Types de phrases : interrogative, exclamative, déclarative, impérative

Invente une phrase pour chaque type.

Interrogative : ....

....

Exclamative : ....

....

Déclarative : ....

....

Impérative : ....

....

3 Présent : révisions

Complète.

Verbe *se lever* : elle ....

Verbe *prendre* : elle ....

Verbe *devoir* : elle ....

Verbe *terminer* : je ....

Verbe *annoncer* : ils ....

Verbe *distinguer* : on ....

Verbe *rendre* : tu ....

NOM : **PRÉNOM :**

NOTIONS ABORDÉES :

CORRIGÉS

les mots en *ot, os, op* – les types de phrases – le présent : révisions

HORIZONTALEMENT

A Pâtisserie du petit déjeuner ou du goûter.
B Rongeurs – Pronom personnel indéfini.
C Verbe synonyme de *enlever* au passé simple, 3e personne du singulier – Mot anglais signifiant *amplificateur de radio ou de télévision.*
D Serpent dangereux, sa tête porte un V.
E Il en faut plusieurs pour faire un joli collier.
F Pronom personnel, 3e personne du singulier – Mot anglais contraire de *yes.*
G C'est aussi le nom de l'extrémité des pattes des chevaux – Ils ne sont pas habillés.

VERTICALEMENT

1 Dessins rapides.
2 Rongeur plus gros que la souris – Déterminant féminin singulier.
3 Verbe synonyme de *enlever* au passé simple, 3e personne du singulier.
4 Terminaison des verbes du 2e groupe au présent à la 2e personne du singulier – Mot familier signifiant *bicyclette.*
5 Il peut être dangereux avec une arme.
6 Contraire de *raide*, synonyme d'*élastique.*
7 365 jours ou 12 mois.
8 Terminaison de l'infinitif des verbes du 1er groupe – Sans vêtements.
9 Il faut en prendre quand on est fatigué.

	1	2	3	4	5	6	7	8	9
A	C	R	O	I	S	S	A	N	T
B	R	A	T	S	■	O	N	■	■
C	O	T	A	■	T	U	N	E	R
D	Q	■	■	V	I	P	E	R	E
E	U	■	P	E	R	L	E	■	P
F	I	L	■	L	■	E	■	N	O
G	S	A	B	O	T	■	N	U	S

EXERCICES
avec le rappel de la règle

1 Mots en *oc, os, op*

Pour trouver la terminaison, mettre le mot au féminin ou chercher le verbe.

Indique la terminaison des mots suivants ; utilise ton dictionnaire si nécessaire.

Du siro*p* – un sabo*t* – le repo*s* –
un harico*t* – un abrico*t* – aussitô*t* –
le galo*p* – un mancho*t* – un robo*t* –
un accro*c*

2 Types de phrases : interrogative, exclamative, déclarative, impérative

Invente une phrase pour chaque type.

Interrogative : *S'accorde-t-elle parfois un moment de repos ?*

Exclamative : *Quelle belle histoire !*

Déclarative : *Angélique se lève vers huit heures.*

Impérative : *Termine rapidement ce travail.*

3 Présent : révisions

Complète.

Verbe *se lever* : elle *se lève*
Verbe *prendre* : elle *prend*
Verbe *devoir* : elle *doit*
Verbe *terminer* : je *termine*
Verbe *annoncer* : ils *annoncent*
Verbe *distinguer* : on *distingue*
Verbe *rendre* : tu *rends*

NOM : **PRÉNOM :**

8

NOTIONS ABORDÉES :

m devant m, b, p – les types de phrases – l'imparfait

HORIZONTALEMENT

- **A** Participe passé du verbe *boire* – Petit animal rampant, on le dit *de terre*.
- **B** Poisson appelé aussi *loup* – Synonyme de *fatigué*.
- **C** Ils ont le nez qui coule et ils toussent.
- **D** Elle se cache sous la croûte du pain.
- **E** Contraire de *malheur*.
- **F** Au pluriel, ils coupent papier et tissu.
- **G** Partie du corps qui a donné le mot *dossard* – Il soigne la toux et la fièvre ou il est à la menthe, à la grenadine.
- **H** Ce mot indique un choix – Initiales de Nestor Picsou.
- **I** Sorte de pomme ou petite grenouille verte.

VERTICALEMENT

- **1** Synonyme de *pâle* – Note de musique, la 1re de la gamme.
- **2** Négation de *et* – Le lieu des récréations.
- **3** Moutons femelles.
- **4** Interjection – Ensemble ils forment le squelette – Note de musique ou diminutif de *demi*.
- **5** Ce qui reste d'une maison abandonnée ou d'un monument ancien.
- **6** Contraire de *amour*.
- **7** Profession d'un homme qui élève des animaux.
- **8** Contraire de *long* – Verbe *avoir* au présent, 3e personne du pluriel.
- **9** Maladie commune en hiver, depuis peu elle peut aussi être *aviaire*.

	1	2	3	4	5	6	7	8	9
A			■		■				■
B		■				■			
C									■
D				■		■		■	
E		■							
F	■							■	
G				■					
H			■		■		■		
I	■								

EXERCICES

avec le rappel de la règle

1 *m* devant *m, b, p*

Devant *m*, *b* et *p* on met un *m* au lieu d'un *n* sauf cas particuliers : *bonbon, embonpoint, néanmoins.*

Complète par *n* ou par *m*.

Lo.... gte.... ps – un co.... pteur – néa.... moins –

une colo.... be – un bo.... bo.... –

de l'e.... bo.... point – Gra.... de – co.... tenir –

e.... se.... ble – po.... po.... – pe.... da.... t

2 Types de phrases : interrogative, exclamative, déclarative, impérative

À la fin de chaque phrase, indique son type.

Ma Mère coiffait ma sœur avec une natte.

....

La bergerie pouvait-elle contenir cinq cents brebis ?

....

Quelle belle vie d'écolier ! ....

Élève tes moutons et produis de la laine !

....

3 Imparfait

Temps du passé, les terminaisons sont identiques pour les trois groupes : *ais – ais – ait – ions – iez – aient.*

Mets les verbes à l'imparfait.

C'*(être)* .... une grande ferme dans la montagne. Les parents s'*(occuper)* .... des animaux et des cultures pendant que les enfants *(aller)* .... à l'école. En rentrant, ils *(déguster)* .... avec plaisir une pomme du verger.

La famille *(se réunir)* .... le soir autour d'un feu qui *(brûler)* .... dans la cheminée.

NOM : **PRÉNOM :**

8 CORRIGÉS

NOTIONS ABORDÉES :

***m* devant *m, b, p* – les types de phrases – l'imparfait**

HORIZONTALEMENT

A Participe passé du verbe *boire* – Petit animal rampant, on le dit *de terre*.
B Poisson appelé aussi *loup* – Synonyme de *fatigué*.
C Ils ont le nez qui coule et ils toussent.
D Elle se cache sous la croûte du pain.
E Contraire de *malheur*.
F Au pluriel, ils coupent papier et tissu.
G Partie du corps qui a donné le mot *dossard* – Il soigne la toux et la fièvre ou il est à la menthe, à la grenadine.
H Ce mot indique un choix – Initiales de Nestor Picsou.
I Sorte de pomme ou petite grenouille verte.

VERTICALEMENT

1 Synonyme de *pâle* – Note de musique, la 1re de la gamme.
2 Négation de *et* – Le lieu des récréations.
3 Moutons femelles.
4 Interjection – Ensemble ils forment le squelette – Note de musique ou diminutif de *demi*.
5 Ce qui reste d'une maison abandonnée ou d'un monument ancien.
6 Contraire de *amour*.
7 Profession d'un homme qui élève des animaux.
8 Contraire de *long* – Verbe *avoir* au présent, 3e personne du pluriel.
9 Maladie commune en hiver, depuis peu elle peut aussi être *aviaire*.

	1	2	3	4	5	6	7	8	9
A	B	U	■	B	■	V	E	R	■
B	L	■	B	A	R	■	L	A	S
C	E	N	R	H	U	M	E	S	■
D	M	I	E	■	I	■	V	■	G
E	E	■	B	O	N	H	E	U	R
F	■	C	I	S	E	A	U	■	I
G	D	O	S	■	S	I	R	O	P
H	O	U	■	M	■	N	■	N	P
I	■	R	E	I	N	E	T	T	E

EXERCICES
avec le rappel de la règle

1 *m* devant *m, b, p*

Devant *m*, *b* et *p* on met un *m* au lieu d'un *n* sauf cas particuliers : *bonbon, embonpoint, néanmoins.*

Complète par *n* ou par *m*.

Lo*n*gte*m*ps – un co*m*pteur – néa*n*moins – une colo*m*be – un bo*n*bo*n* – de l'e*m*bo*n*point – Gra*n*de – co*n*tenir – e*n*se*m*ble – po*m*po*n* – pe*n*da*n*t

2 Types de phrases : interrogative, exclamative, déclarative, impérative

À la fin de chaque phrase, indique son type.

Ma Mère coiffait ma sœur avec une natte. *Déclarative*

La bergerie pouvait-elle contenir cinq cents brebis ? *Interrogative*

Quelle belle vie d'écolier ! *Exclamative*

Élève tes moutons et produis de la laine ! *Impérative*

3 Imparfait

Temps du passé, les terminaisons sont identiques pour les trois groupes : *ais – ais – ait – ions – iez – aient.*

Mets les verbes à l'imparfait.

C'*était* une grande ferme dans la montagne. Les parents s'*occupaient* des animaux et des cultures pendant que les enfants *allaient* à l'école. En rentrant, ils *dégustaient* avec plaisir une pomme du verger. La famille *se réunissait* le soir autour d'un feu qui *brûlait* dans la cheminée.

NOM : **PRÉNOM :**

9

NOTIONS ABORDÉES :

des fautes faciles à éviter – l'accord sujet / verbe – le passé simple

HORIZONTALEMENT

A Couleur très sombre (au pluriel) – Pronom personnel, 3e personne du masculin singulier.
B Le mâle de la vache.
C Verbe *avoir* au présent, 1re personne du singulier – Participe passé du verbe *rire*.
D Indique une condition, c'est aussi une note de musique – Ce que font les croyants à l'église.
E Verbe *être* au présent, 2e personne du singulier – Il faut la respecter pour ne pas avoir affaire à la justice.
F Verbe *ramer* au passé simple, 3e personne du singulier – Un enfant de sexe masculin.
G Préposition qui se place souvent devant le participe présent – La part que l'on obtient quand on partage en deux.
H Abréviation de *compagnie* – Signifie aussi *dans*.
I Pluriel de *monsieur*.

VERTICALEMENT

1 Adjectif possessif, 2e personne, singulier – Une très longue période.
2 Le nom formé avec le verbe *naître*.
3 Indique un choix – Terminaison des verbes du 2e groupe au présent, 1re personne du singulier.
4 Verbe *aller* au futur, 3e personne du singulier – Partie du couteau qui sert à couper (au pluriel).
5 Une grande île française reliée au continent par un pont – Fleuve italien.
6 Nom formé à partir du verbe *sacrifier*.
7 Terminaison des verbes du 2e groupe au présent, 3e personne du singulier.
8 Plier une nouvelle fois.
9 Petit animal qui hiberne – Nous en avons cinq, l'un d'eux est l'odorat.

	1	2	3	4	5	6	7	8	9
A	■						■		
B								■	
C			■		■		■		
D	■			■					
E			■				■		■
F					■				
G			■						
H	■				■		■		
I									

EXERCICES

avec le rappel de la règle

1 Des fautes faciles à éviter : les majuscules, les marques du pluriel, les accords

Écris correctement les mots en italique.

La *crète* est une île importante de la *méditerranée*. Pendant des *année*, le *minotaure* exigea qu'*ont* lui *donnent* de *jeune* humains. Les *touriste* se *laisse* charmer par cette île *riches* en *légende*.

2 Accord sujet / verbe

Souligne les verbes en rouge, les sujets en bleu et fais l'accord au présent ou au futur simple.

La semaine prochaine, elles *(partir)* .... en avion pour la Crète.

Caroline *(prendre)* .... des photos des monastères.

Le Minotaure *(exiger)* .... chaque année de recevoir la plus belle jeune fille de la région.

Le roi *(cacher)* .... le Minotaure dans un labyrinthe.

3 Passé simple

Il s'utilise souvent avec l'imparfait et évoque des actions généralement courtes. Les terminaisons sont différentes selon les groupes.
1er groupe : *ai – as – a – âmes – âtes – èrent*
2e groupe : *is – is – it – îmes – îtes – irent*
3e groupe : irrégulier

Conjugue au passé simple.

Le roi *(refuser)* ....
La reine *(donner)* ....
Le roi *(cacher)* ....
La reine *(exiger)* ....
Le Minotaure *(rugir)* ....
Le dieu de la mer *(punir)* ....
Le roi et la reine *(aller)* ....

NOM : **PRÉNOM :**

9

CORRIGÉS

NOTIONS ABORDÉES :

des fautes faciles à éviter – l'accord sujet / verbe – le passé simple

HORIZONTALEMENT

A Couleur très sombre (au pluriel) – Pronom personnel, 3e personne du masculin singulier.
B Le mâle de la vache.
C Verbe *avoir* au présent, 1re personne du singulier – Participe passé du verbe *rire*.
D Indique une condition, c'est aussi une note de musique – Ce que font les croyants à l'église.
E Verbe *être* au présent, 2e personne du singulier – Il faut la respecter pour ne pas avoir affaire à la justice.
F Verbe *ramer* au passé simple, 3e personne du singulier – Un enfant de sexe masculin.
G Préposition qui se place souvent devant le participe présent – La part que l'on obtient quand on partage en deux.
H Abréviation de *compagnie* – Signifie aussi *dans*.
I Pluriel de *monsieur*.

VERTICALEMENT

1 Adjectif possessif, 2e personne, singulier – Une très longue période.
2 Le nom formé avec le verbe *naître*.
3 Indique un choix – Terminaison des verbes du 2e groupe au présent, 1re personne du singulier.
4 Verbe *aller* au futur, 3e personne du singulier – Partie du couteau qui sert à couper (au pluriel).
5 Une grande île française reliée au continent par un pont – Fleuve italien.
6 Nom formé à partir du verbe *sacrifier*.
7 Terminaison des verbes du 2e groupe au présent, 3e personne du singulier.
8 Plier une nouvelle fois.
9 Petit animal qui hiberne – Nous en avons cinq, l'un d'eux est l'odorat.

	1	2	3	4	5	6	7	8	9
A	■	N	O	I	R	S	■	I	L
B	T	A	U	R	E	A	U	■	O
C	A	I	■	A	■	C	■	R	I
D	■	S	I	■	P	R	I	E	R
E	E	S	■	L	O	I	■	P	■
F	R	A	M	A	■	F	I	L	S
G	E	N	■	M	O	I	T	I	E
H	■	C	I	E	■	C	■	E	N
I	M	E	S	S	I	E	U	R	S

EXERCICES

avec le rappel de la règle

1 Des fautes faciles à éviter : les majuscules, les marques du pluriel, les accords

Écris correctement les mots en italique.

La *Crète* est une île importante de la *Méditerranée*. Pendant des *années*, le *Minotaure* exigea qu'*on* lui *donne* de *jeunes* humains. Les *touristes* se *laissent* charmer par cette île *riche* en *légendes*.

2 Accord sujet / verbe

Souligne les verbes en rouge, les sujets en bleu et fais l'accord au présent ou au futur simple.

La semaine prochaine, elles *partiront* en avion pour la Crète.

Caroline *prendra* des photos des monastères.

Le Minotaure *exige* chaque année de recevoir la plus belle jeune fille de la région.

Le roi *cache* le Minotaure dans un labyrinthe.

3 Passé simple

Il s'utilise souvent avec l'imparfait et évoque des actions généralement courtes. Les terminaisons sont différentes selon les groupes.
1er groupe : *ai – as – a – âmes – âtes – èrent*
2e groupe : *is – is – it – îmes – îtes – irent*
3e groupe : irrégulier

Conjugue au passé simple.

Le roi *refusa*
La reine *donna*
Le roi *cacha*
La reine *exigea*
Le Minotaure *rugit*
Le dieu de la mer *punit*
Le roi et la reine *allèrent*

NOM : **PRÉNOM :**

10

NOTIONS ABORDÉES :

***ou / où* – les pronoms – passé simple / imparfait**

HORIZONTALEMENT

A C'est le jour d'après *aujourd'hui.*
B Portion de terre au milieu de la mer.
C Participe passé du verbe *avoir* – Participe passé du verbe *devoir* au féminin.
D Le son émis par la bouche, homonyme de *voie* – Adjectif possessif, 2e personne du singulier.
E Participe passé du verbe *rire.*
F Enfermées derrière un mur.
G Textile très léger et très doux fabriqué par un ver – La plus grosse carte d'un jeu.
H Pronom personnel, 3e personne du masculin singulier – Arriver.
I Terminaison des verbes du 1er groupe à l'infinitif – Note de musique.

VERTICALEMENT

1 Endroits – Marque une condition.
2 A gagné une élection – Le dieu du vent.
3 Participe passé du verbe *naître* – Note de musique.
4 Monument du temps des Gaulois agencé en forme de table.
5 Sert à ranger, les lunettes par exemple – Article défini contracté singulier.
6 Un passage d'un texte.
7 Il compte 12 mois – Un des points cardinaux.
8 Verbe auxiliaire – Participe passé du verbe *rire.*
9 Négation de *et* – Contraire de *pauvres,* synonyme de *riches,* au féminin.

	1	2	3	4	5	6	7	8	9
A									
B				■		■		■	
C			■				■		■
D		■					■		
E		■	■		■		■		
F	■								
G					■			■	
H			■						
I	■			■			■		■

EXERCICES
avec le rappel de la règle

1 *Ou / où*

***Ou* = ou bien – *où* indique un lieu**

Complète par *ou / où.*

Est-ce un dolmen .... un menhir ?

C'était un endroit .... il y avait beaucoup d'os.

Fallait-il explorer les alentours .... partir immédiatement.

.... avez-vous découvert ce monument ?

Fallait-il se sauver .... essayer de calmer ce chien,

l'endroit .... nous étions n'était pas très fréquenté ?

2 Les pronoms

Les pronoms remplacent un nom ou un groupe du nom.

Souligne le nom ou le groupe du nom répété dans la phrase et remplace-le par un pronom.

Au cours d'une promenade Antoine, Sophie et moi découvrîmes un monument, Antoine, Sophie et moi décidâmes d'explorer les alentours.
Un chien vint à notre rencontre, le chien se fit menaçant.
Une grande aventure commençait, une grande aventure allait nous causer bien des ennuis.

3 Passé simple/ imparfait

Imparfait : actions qui se poursuivent, qui ne sont pas terminées.
Passé simple : action qui s'est passée à un moment précis et qui est terminée.

Complète au passé simple ou à l'imparfait.

C'*(être)* .... un grand et vieux loup.

Il *(porter)* .... sur la joue les traces d'un combat.

La louve *(se tenir)* .... derrière lui, docile.

Quant à ses louveteaux, ils *(s'amuser)* ....

sur un tapis de mousse. Soudain, un coup de feu

(retentir) .... Aussitôt, la petite troupe

(détaler) ....

NOM : **PRÉNOM :**

10

NOTIONS ABORDÉES :

CORRIGÉS

***ou / où* – les pronoms – passé simple / imparfait**

HORIZONTALEMENT

A C'est le jour d'après *aujourd'hui.*
B Portion de terre au milieu de la mer.
C Participe passé du verbe *avoir* – Participe passé du verbe *devoir* au féminin.
D Le son émis par la bouche, homonyme de *voie* – Adjectif possessif, 2e personne du singulier.
E Participe passé du verbe *rire.*
F Enfermées derrière un mur.
G Textile très léger et très doux fabriqué par un ver – La plus grosse carte d'un jeu.
H Pronom personnel, 3e personne du masculin singulier – Arriver.
I Terminaison des verbes du 1er groupe à l'infinitif – Note de musique.

VERTICALEMENT

1 Endroits – Marque une condition.
2 A gagné une élection – Le dieu du vent.
3 Participe passé du verbe *naître* – Note de musique.
4 Monument du temps des Gaulois agencé en forme de table.
5 Sert à ranger, les lunettes par exemple – Article défini contracté singulier.
6 Un passage d'un texte.
7 Il compte 12 mois – Un des points cardinaux.
8 Verbe auxiliaire – Participe passé du verbe *rire.*
9 Négation de *et* – Contraire de *pauvres*, synonyme de *riches*, au féminin.

	1	2	3	4	5	6	7	8	9
A	L	E	N	D	E	M	A	I	N
B	I	L	E	■	T	■	N	■	I
C	E	U	■	D	U	E	■	E	■
D	U	■	V	O	I	X	■	T	A
E	X	■	■	L	■	T	■	R	I
F	■	E	M	M	U	R	E	E	S
G	S	O	I	E	■	A	S	■	E
H	I	L	■	N	A	I	T	R	E
I	■	E	R	■	U	T	■	I	■

EXERCICES

avec le rappel de la règle

1 *Ou / où*

***Ou* = ou bien – *où* indique un lieu**

Complète par *ou / où.*

Est-ce un dolmen *ou* un menhir ?

C'était un endroit *où* il y avait beaucoup d'os.

Fallait-il explorer les alentours *ou* partir immédiatement.

Où avez-vous découvert ce monument ?

Fallait-il se sauver *ou* essayer de calmer ce chien,

l'endroit *où* nous étions n'était pas très fréquenté ?

2 Les pronoms

Les pronoms remplacent un nom ou un groupe du nom.

Souligne le nom ou le groupe du nom répété dans la phrase et remplace-le par un pronom.

Au cours d'une promenade Antoine, Sophie et moi découvrîmes un monument, <u>Antoine, Sophie et moi</u> *(nous)* décidâmes d'explorer les alentours.
Un chien vint à notre rencontre, <u>le chien</u> *(il)* se fit menaçant.
Une grande aventure commençait, <u>une grande aventure</u> *(elle)* allait nous causer bien des ennuis.

3 Passé simple/ imparfait

Imparfait : actions qui se poursuivent, qui ne sont pas terminées.
Passé simple : action qui s'est passée à un moment précis et qui est terminée.

Complète au passé simple ou à l'imparfait.

C'*était* un grand et vieux loup.

Il *portait* sur la joue les traces d'un combat.

La louve *se tenait* derrière lui, docile.

Quant à ses louveteaux, ils *s'amusaient* sur un tapis de mousse. Soudain, un coup de feu *retentit*. Aussitôt, la petite troupe *détala*.

NOM : **PRÉNOM :**

11

NOTIONS ABORDÉES :

révisions – les adjectif qualificatifs – passé simple / imparfait

HORIZONTALEMENT

A Adverbe synonyme de *cependant, pourtant.*
B Indique un choix – Outil qui permet de serrer.
C Animal sauvage au pelage jaune et noir – Initiales d'un examen radiologique.
D Terminaison des verbes du 1er groupe à l'infinitif.
E Synonyme de *dangers* – Terminaison du verbe *crier*, au présent, 3e personne du singulier.
F Participe présent du verbe *abuser.*
G On la vise quand on joue aux fléchettes (au pluriel).
H Article défini singulier, masculin – Verbe *nier* au passé simple, 1re personne du singulier.
I Repos de l'après-midi en maternelle, au pluriel.

VERTICALEMENT

1 Contraire de *tard* – Mot anglais pour *emballages.*
2 Négation de *non.*
3 Qui peut être géré.
4 Synonyme de *atroce, effrayant.*
5 La saison des vacances – Participe passé du verbe *lire*, au féminin.
6 Note de musique – Verbe *asséner*, au présent, 1re personne du singulier.
7 Négation de *non* – Terminaison des verbes du 2e groupe, au présent, 1re personne du singulier.
8 Population indienne d'Amérique du Sud.
9 Le point le plus élevé – Terminaison des verbes du 2e groupe, présent, 3e personne du singulier.

	1	2	3	4	5	6	7	8	9
A									
B			■					■	
C						■			
D	■	■			■		■	■	
E							■		
F		■							
G							■		■
H		■			■				
I								■	

EXERCICES

avec le rappel de la règle

1 Révisions

***Et / est* – Mots en *oc / op* – *Sont / son* – Les accents – Verbe et sujet**

Observe les mots en italique et corrige-les.

Mes deux camarades *est* moi partîmes en randonnée. Nous empruntâmes un long sentier *a* travers la montagne.
Cette vue *et* superbe mais les *precipices son* profonds. L'âne *transportaient* le *materiel.* Ses *sabops frappait* le sol en cadence.

2 Les adjectifs qualificatifs

Ils complètent le nom et s'accordent avec le nom.

Complète chaque nom sujet par un ou plusieurs adjectifs qualificatifs.

Cette randonnée m'épuise. ....

....

Un âne nous accompagnait. ....

....

Le sentier rétrécissait. ....

....

Le sommet brillait dans le soleil. ....

....

3 Passé simple ou imparfait : révisions

Complète.

La montée *(être)* .... rude mais enfin nous *(arriver)* .... au sommet.
Quand, brutalement, le tonnerre *(gronder)* .... et la pluie *(s'abattre)* .... sur nous avec violence. Nous nous *(mettre)* .... à l'abri sous une grange.

NOM : **PRÉNOM :**

11

CORRIGÉS

NOTIONS ABORDÉES :

révisions – les adjectif qualificatifs – passé simple / imparfait

HORIZONTALEMENT

A Adverbe synonyme de *cependant, pourtant*.
B Indique un choix – Outil qui permet de serrer.
C Animal sauvage au pelage jaune et noir – Initiales d'un examen radiologique.
D Terminaison des verbes du 1er groupe à l'infinitif.
E Synonyme de *dangers* – Terminaison du verbe *crier*, au présent, 3e personne du singulier.
F Participe présent du verbe *abuser*.
G On la vise quand on joue aux fléchettes (au pluriel).
H Article défini singulier, masculin – Verbe *nier* au passé simple, 1re personne du singulier.
I Repos de l'après-midi en maternelle, au pluriel.

VERTICALEMENT

1 Contraire de *tard* – Mot anglais pour *emballages*.
2 Négation de *non*.
3 Qui peut être géré.
4 Synonyme de *atroce, effrayant*.
5 La saison des vacances – Participe passé du verbe *lire*, au féminin.
6 Note de musique – Verbe *asséner*, au présent, 1re personne du singulier.
7 Négation de *non* – Terminaison des verbes du 2e groupe, au présent, 1re personne du singulier.
8 Population indienne d'Amérique du Sud.
9 Le point le plus élevé – Terminaison des verbes du 2e groupe, présent, 3e personne du singulier.

	1	2	3	4	5	6	7	8	9
A	T	O	U	T	E	F	O	I	S
B	O	U	■	E	T	A	U	■	O
C	T	I	G	R	E	■	I	R	M
D	■	■	E	R	■	A	■	■	M
E	P	E	R	I	L	S	■	I	E
F	A	■	A	B	U	S	A	N	T
G	C	I	B	L	E	S	■	C	■
H	K	■	L	E	■	N	I	A	I
I	S	I	E	S	T	E	S	■	T

EXERCICES

avec le rappel de la règle

1 Révisions

Et / est – Mots en oc / op – Sont / son – Les accents – Verbe et sujet

Observe les mots en italique et corrige-les.

Mes deux camarades *et* moi partîmes en randonnée. Nous empruntâmes un long sentier *à* travers la montagne.
Cette vue *est* superbe mais les *précipices sont* profonds.
L'âne *transportait* le *matériel*. Ses *sabots frappaient* le sol en cadence.

2 Les adjectifs qualificatifs

Ils complètent le nom et s'accordent avec le nom.

Complète chaque nom sujet par un ou plusieurs adjectifs qualificatifs.

Cette randonnée m'épuise. *Cette longue et rude randonnée m'épuise.*

Un âne nous accompagnait. *Un robuste âne gris nous accompagnait.*

Le sentier rétrécissait. *Le sentier caillouteux et tortueux rétrécissait.*

Le sommet brillait dans le soleil. *Le sommet pointu et enneigé brillait dans le soleil.*

3 Passé simple ou imparfait : révisions

Complète.

La montée *était* rude mais enfin nous *arrivions* au sommet. Quand, brutalement, le tonnerre *gronda* et la pluie *s'abattit* sur nous avec violence.
Nous nous *mîmes* à l'abri sous une grange.

NOM : **PRÉNOM :**

12

NOTIONS ABORDÉES :

é ou *er* – L'adjectif qualificatif – Le passé composé avec *avoir*

HORIZONTALEMENT

A Verbe *revivre* au présent, 1re personne du singulier – Verbe *avoir* au présent, 1re personne du singulier.
B Conjonction signifiant *dans* – Métal, désigne parfois aussi, en argot, un avion.
C Verbe *songer* au présent, 1re personne du pluriel.
D Pronom personnel réfléchi, 2e personne singulier – Il est mangé à la coque, en omelette, dur.
E Pronom possessif, 3e personne, masculin singulier – Verbe *être* au futur, 3e personne du singulier.
F Terminaison des verbes du 2e groupe au présent, 2e personne du singulier.
G Participe passé du verbe *agréer*, masculin pluriel – Terminaison des verbes du 1er groupe au présent, 2e personne du singulier.
H Synonymes de *harpies*, *mégères*, contraire de *douces*.
I Pronom personnel, 2e personne du singulier – Initiales de la République française.

VERTICALEMENT

1 Qui résiste.
3 Nom de la famille du verbe *vendre* – Initiales de la République française.
4 Personne qui a reçu une formation pour construire et conduire des travaux.
5 Nom des esclaves paysans du Moyen Âge.
6 Endroits où sont rassemblés des animaux que l'on ne peut pas voir en liberté – Indique une condition.
7 La plus âgée des filles de la famille – Indique qu'il y a une suite.
8 Synonyme de *révolté*, contraire de *soumis* (au pluriel).
9 Note de musique.

	1	2	3	4	5	6	7	8	9
A						■			■
B		■			■				
C									■
D		■			■				
E					■				
F		■	■			■	■		■
G							■		
H		■							■
I			■			■		■	■

EXERCICES

avec le rappel de la règle

1 é ou *er*

***é, enlevé* peut se remplacer par *pris* –**
***er, enlever* peut se remplacer par *prendre*.**

Complète par *é* ou *er*.

En mille neuf cent trente-neuf a début.... la Seconde Guerre mondiale. Hitler rêve de domin.... le monde. Des hommes ont résist.... . Hitler doit évacu.... les territoires qu'il a conquis. Un traité de paix est sign.... en mille neuf cent quarante-cinq.

2 L'adjectif qualificatif

Il complète le nom et s'accorde avec le nom qu'il complète.

Compose des phrases en prenant un élément dans chaque colonne. Mets les majuscules et les points.

DÉT.	NOMS	ADJ.	VERBES	COMPL.
cette	avions	nazi	a fait	de puissantes bombes
le	guerre	redoutables	a perdu	des millions de morts
ces	régime	meurtrière	lâchent	la guerre

....

....

....

3 Le passé composé avec *avoir*

Complète.

J'*(regarder)* .... des documentaires sur la Seconde Guerre mondiale.

Des hommes *(résister)* .... et *(continuer)* .... le combat.

Hitler *(rêver)* .... de conquérir le monde, il *(bombarder)* .... de nombreux pays.

NOM : **PRÉNOM :**

12

NOTIONS ABORDÉES :

CORRIGÉS

é ou *er* – L'adjectif qualificatif – Le passé composé avec *avoir*

HORIZONTALEMENT

A Verbe *revivre* au présent, 1re personne du singulier – Verbe *avoir* au présent, 1re personne du singulier.
B Conjonction signifiant *dans* – Métal, désigne parfois aussi, en argot, un avion.
C Verbe *songer* au présent, 1re personne du pluriel.
D Pronom personnel réfléchi, 2e personne singulier – Il est mangé à la coque, en omelette, dur.
E Pronom possessif, 3e personne, masculin singulier – Verbe *être* au futur, 3e personne du singulier.
F Terminaison des verbes du 2e groupe au présent, 2e personne du singulier.
G Participe passé du verbe *agréer*, masculin pluriel – Terminaison des verbes du 1er groupe au présent, 2e personne du singulier.
H Synonymes de *harpies*, *mégères*, contraire de *douces*.
I Pronom personnel, 2e personne du singulier – Initiales de la République française.

VERTICALEMENT

1 Qui résiste.
3 Nom de la famille du verbe *vendre* – Initiales de la République française.
4 Personne qui a reçu une formation pour construire et conduire des travaux.
5 Nom des esclaves paysans du Moyen Âge.
6 Endroits où sont rassemblés des animaux que l'on ne peut pas voir en liberté – Indique une condition.
7 La plus âgée des filles de la famille – Indique qu'il y a une suite.
8 Synonyme de *révolté*, contraire de *soumis* (au pluriel).
9 Note de musique.

	1	2	3	4	5	6	7	8	9
A	*R*	*E*	*V*	*I*	*S*	■	*A*	*I*	■
B	*E*	■	*E*	*N*	■	*Z*	*I*	*N*	*C*
C	*S*	*O*	*N*	*G*	*E*	*O*	*N*	*S*	■
D	*I*	■	*T*	*E*	■	*O*	*E*	*U*	*F*
E	*S*	*I*	*E*	*N*	■	*S*	*E*	*R*	*A*
F	*T*	■	■	*I*	*S*	■	■	*G*	■
G	*A*	*G*	*R*	*E*	*E*	*S*	■	*E*	*S*
H	*N*	■	*F*	*U*	*R*	*I*	*E*	*S*	■
I	*T*	*U*	■	*R*	*F*	■	*T*	■	■

EXERCICES

avec le rappel de la règle

1 é ou *er*

***é, enlevé* peut se remplacer par *pris* –**
***er, enlever* peut se remplacer par *prendre*.**

Complète par *é* ou *er*.

En mille neuf cent trente-neuf a début*é* la Seconde Guerre mondiale. Hitler rêve de domin*er* le monde. Des hommes ont résist*é*. Hitler doit évacu*er* les territoires qu'il a conquis. Un traité de paix est sign*é* en mille neuf cent quarante-cinq.

2 L'adjectif qualificatif

Il complète le nom et s'accorde avec le nom qu'il complète.

Compose des phrases en prenant un élément dans chaque colonne. Mets les majuscules et les points.

DÉT.	NOMS	ADJ.	VERBES	COMPL.
cette	avions	nazi	a fait	de puissantes bombes
le	guerre	redoutables	a perdu	des millions de morts
ces	régime	meurtrière	lâchent	la guerre

Cette guerre meurtrière a fait des millions de morts.
Le régime nazi a perdu la guerre.
Ces avions redoutables lâchent de puissantes bombes.

3 Le passé composé avec *avoir*

Complète.

J'*ai regardé* des documentaires sur la Seconde Guerre mondiale. Des hommes *ont résisté* et *ont continué* le combat. Hitler *a rêvé* de conquérir le monde, il *a bombardé* de nombreux pays.

NOM : **PRÉNOM :**

13

NOTIONS ABORDÉES :

les mots invariables – les déterminants – le passé composé avec *être*

HORIZONTALEMENT

- **A** C'est la discipline scientifique apprise à l'école, au pluriel.
- **B** Il permet de franchir la montagne, celui de la chemise peut être ouvert ou fermé – C'est un métal précieux – Ils constituent le squelette.
- **C** Singulier masculin de *des* – Synonyme de *triste*, contraire de *joyeux*.
- **D** Vieux prénom masculin – Pronom interrogatif.
- **E** Participe passé du verbe *avoir* au féminin.
- **F** Verbe *tousser* au futur, 3e personne du singulier.
- **G** L'ensemble des vitres d'une fenêtre.
- **H** Contraire de *fréquent*, qui se rencontre peu souvent – Verbe *être* au présent, 2e personne du singulier.
- **I** Nom de la famille de *ennuyer*, au pluriel.

VERTICALEMENT

- **1** Production du sculpteur.
- **2** Volume terminé en pointe dont la base est un cercle.
- **3** Pronom personnel, 3e personne du du masculin singulier – Réalisation, travail.
- **4** Pronom masculin, singulier 3e personne.
- **5** Il peut être propre ou commun – Un des quatre points cardinaux.
- **6** Broyer avec les dents, contraire de *sucer*.
- **7** Verbe *ruer* au futur simple, 3e personne du singulier.
- **8** Diminutif courant de *sonorisation* – Synonyme de *vieux*.
- **9** Partie du corps féminin – Verbe *être* conjugué au présent, 2e personne du singulier.

	1	2	3	4	5	6	7	8	9
A									■
B				■			■		
C			■	■					
D					■				
E		■		■				■	
F									■
G		■							
H					■	■	■		
I		■							■

EXERCICES

avec le rappel de la règle

1 Les mots invariables

Ce sont des mots qui ne changent jamais.

Écris la terminaison de ces mots invariables.

dem....... ass........ toujou....... auparava.......

souve....... jam........ autref....... désorm.......

longte....... printe.......

2 Les déterminants

Ils accompagnent le nom et le définissent.

Classe les déterminants dans le tableau ci-dessous.

Le – une – des – cet – ses – mes – trois – mille – ces – la – les – l' – tes – vingt – ta – cette – son – du

ARTICLES DÉFINIS	
ARTICLES INDÉFINIS	
ADJECTIFS POSSESSIFS	
ADJECTIFS DÉMONSTRATIFS	
ADJECTIFS NUMÉRAUX	

3 Passé composé avec *être*.

Conjugue au passé composé.

Léonard de Vinci *(intéresser)* .... par le dessin, il *(attirer)* .... par la peinture. Il *(naître)* .... en Italie. Ses œuvres célèbres *(connaître)* .... dans le monde entier.

NOM : **PRÉNOM :**

CORRIGÉS

NOTIONS ABORDÉES :

les mots invariables – les déterminants – le passé composé avec *être*

HORIZONTALEMENT

A C'est la discipline scientifique apprise à l'école, au pluriel.
B Il permet de franchir la montagne, celui de la chemise peut être ouvert ou fermé – C'est un métal précieux – Ils constituent le squelette.
C Singulier masculin de *des* – Synonyme de *triste*, contraire de *joyeux*.
D Vieux prénom masculin – Pronom interrogatif.
E Participe passé du verbe *avoir* au féminin.
F Verbe *tousser* au futur, 3e personne du singulier.
G L'ensemble des vitres d'une fenêtre.
H Contraire de *fréquent*, qui se rencontre peu souvent – Verbe *être* au présent, 2e personne du singulier.
I Nom de la famille de *ennuyer*, au pluriel.

VERTICALEMENT

1 Production du sculpteur.
2 Volume terminé en pointe dont la base est un cercle.
3 Pronom personnel, 3e personne du du masculin singulier – Réalisation, travail.
4 Pronom masculin, singulier 3e personne.
5 Il peut être propre ou commun – Un des quatre points cardinaux.
6 Broyer avec les dents, contraire de *sucer*.
7 Verbe *ruer* au futur simple, 3e personne du singulier.
8 Diminutif courant de *sonorisation* – Synonyme de *vieux*.
9 Partie du corps féminin – Verbe *être* conjugué au présent, 2e personne du singulier.

	1	2	3	4	5	6	7	8	9
A	*S*	*C*	*I*	*E*	*N*	*C*	*E*	*S*	■
B	*C*	*O*	*L*	■	*O*	*R*	■	*O*	*S*
C	*U*	*N*	■	■	*M*	*O*	*R*	*N*	*E*
D	*L*	*E*	*O*	*N*	■	*Q*	*U*	*O*	*I*
E	*P*	■	*E*	■	*E*	*U*	*E*	■	*N*
F	*T*	*O*	*U*	*S*	*S*	*E*	*R*	*A*	■
G	*U*	■	*V*	*I*	*T*	*R*	*A*	*G*	*E*
H	*R*	*A*	*R*	*E*	■	■	■	*E*	*S*
I	*E*	■	*E*	*N*	*N*	*U*	*I*	*S*	■

EXERCICES

avec le rappel de la règle

1 Les mots invariables

Ce sont des mots qui ne changent jamais.

Écris la terminaison de ces mots invariables.

dem*ain* ass*ez* toujou*rs* auparava*nt*
souve*nt* jam*ais* autref*ois* désorm*ais*
longte*mps* printe*mps*

2 Les déterminants

Ils accompagnent le nom et le définissent.

Classe les déterminants dans le tableau ci-dessous.

Le – une – des – cet – ses – mes – trois – mille – ces – la – les – l' – tes – vingt – ta – cette – son – du

ARTICLES DÉFINIS	*le – la – les – l' – du*
ARTICLES INDÉFINIS	*une – des*
ADJECTIFS POSSESSIFS	*ses – mes – tes – ta – son*
ADJECTIFS DÉMONSTRATIFS	*cet – ces – cette*
ADJECTIFS NUMÉRAUX	*trois – mille – vingt*

3 Passé composé avec être.

Conjugue au passé composé.

Léonard de Vinci *est intéressé* par le dessin, il *est attiré* par la peinture. Il *est né* en Italie. Ses œuvres célèbres *sont connues* dans le monde entier.

NOM : **PRÉNOM :**

14

NOTIONS ABORDÉES :

le son *s* – déterminant ou pronom ? – révisions : employer le temps qui convient

HORIZONTALEMENT

A Contraire de *amis*, au pluriel.
B Il est souvent bleu en été – Terminaison des verbes du 1er groupe à l'infinitif.
C Mot féminin, synonyme de *baiser*, en plus familier.
D Nom de la famille du verbe *appeler* – Pronom 2e personne singulier, représente la personne à qui on s'adresse.
E Boisson préférée des Anglais – Pronom réfléchi, 3e personne du singulier.
F Verbe *sortir* au présent, 3e personne du singulier – Verbe *tendre* au présent, 3e personne du singulier.
G Ce qui recouvre la maison.
H Contraire de *méfiance*.
I Pronom personnel réfléchi 3e personne du singulier et du pluriel – Voie de circulation.

VERTICALEMENT

1 Ce qui reste quand le verre se brise, au pluriel.
2 Négation de *et* – Diminutif courant de photographies.
3 Arrivé au monde – Os de la jambe.
4 Île où Napoléon fut enfermé comme prisonnier – Mot populaire pour désigner le cheveu.
5 Pronom personnel masculin pluriel – Nom de la famille du verbe *tirer*.
6 Arbres toujours verts, au pluriel – Phonétiquement *enlever* – Article défini contracté singulier masculin.
7 Prénom masculin.
9 Verbe du 3e groupe synonyme de *avoir peur*.

	1	2	3	4	5	6	7	8	9
A								■	
B					■		■		
C		■	■					■	
D						■			
E				■				■	
F					■				
G	■					■		■	
H									
I	■			■				■	■

EXERCICES

avec le rappel de la règle

1 *s, ss, sc* ou *ç*

On double le *s* entre deux voyelles ; on met une cédille sous le *c* devant *a – o – u*.

Complète avec *s, ss, sc* ou *ç*.

Un oi…eau – de la …iure – un bui…on – la ru…e – o…er – se lai…er prendre – un a…enseur – il aper…oit– il sai…it – pré…erver – un gar…on

2 Déterminant ou pronom ?

Le déterminant est devant un nom ; le pronom est presque toujours devant un verbe.

Souligne en bleu les déterminants et en rouge les pronoms.

Le chat voit un rat, il a bien envie de le manger.

Le rat s'approche du chat qui le saisit et le croque.

Le chat prononce de belles paroles mais il ne faut pas les croire.

Je veux protéger ta famille, préviens-la, dit le chat.

3 Le temps des verbes

Conjugue en choisissant le temps qui convient.
Souligne l'indicateur qui annonce le temps du verbe.

Hier, le chat *(voir)* .... un rat.

Le rat *(croire)* .... à ses bonnes paroles.

Aujourd'hui, le chat *(surveiller)* .... les autres membres de la famille rat. Il *(avoir)* .... très envie de les croquer tous.

Autrefois, mon chat *(vivre)* .... sur le fauteuil du salon, maintenant il *(être)* .... si gros qu'il ne peut plus monter sur le fauteuil.

Que *(faire)* ....-tu quand tu *(être)* .... grand ?

NOM : **PRÉNOM :**

14

NOTIONS ABORDÉES :

CORRIGÉS

le son *s* – déterminant ou pronom ? – révisions : employer le temps qui convient

HORIZONTALEMENT

A Contraire de *amis*, au pluriel.
B Il est souvent bleu en été – Terminaison des verbes du 1er groupe à l'infinitif.
C Mot féminin, synonyme de *baiser*, en plus familier.
D Nom de la famille du verbe *appeler* – Pronom 2e personne singulier, représente la personne à qui on s'adresse.
E Boisson préférée des Anglais – Pronom réfléchi, 3e personne du singulier.
F Verbe *sortir* au présent, 3e personne du singulier – Verbe *tendre* au présent, 3e personne du singulier.
G Ce qui recouvre la maison.
H Contraire de *méfiance*.
I Pronom personnel réfléchi 3e personne du singulier et du pluriel – Voie de circulation.

VERTICALEMENT

1 Ce qui reste quand le verre se brise, au pluriel.
2 Négation de *et* – Diminutif courant de photographies.
3 Arrivé au monde – Os de la jambe.
4 Île où Napoléon fut enfermé comme prisonnier – Mot populaire pour désigner le cheveu.
5 Pronom personnel masculin pluriel – Nom de la famille du verbe *tirer*.
6 Arbres toujours verts, au pluriel – Phonétiquement *enlever* – Article défini contracté singulier masculin.
7 Prénom masculin.
9 Verbe du 3e groupe synonyme de *avoir peur*.

	1	2	3	4	5	6	7	8	9
A	E	N	N	E	M	I	S	■	C
B	C	I	E	L	■	F	■	E	R
C	L	■	■	B	I	S	E	■	A
D	A	P	P	E	L	■	T	O	I
E	T	H	E	■	S	O	I	■	N
F	S	O	R	T	■	T	E	N	D
G	■	T	O	I	T	■	N	■	R
H	C	O	N	F	I	A	N	C	E
I	■	S	E	■	R	U	E	■	■

EXERCICES

avec le rappel de la règle

1 *s, ss, sc* ou *ç*

On double le *s* entre deux voyelles ; on met une cédille sous le *c* devant *a – o – u*.

Complète avec *s, ss, sc* ou *ç*.

Un oi*s*eau – de la *sc*iure – un bui*ss*on – la ru*s*e – o*s*er – se lai*ss*er prendre – un a*sc*enseur – il aper*ç*oit– il sai*s*it – pré*s*erver – un gar*ç*on

2 Déterminant ou pronom ?

Le déterminant est devant un nom ; le pronom est presque toujours devant un verbe.

Souligne en bleu les déterminants et en rouge les pronoms.

Le chat voit un rat, il a bien envie de le manger.

Le rat s'approche du chat qui le saisit et le croque.

Le chat prononce de belles paroles mais il ne faut pas les croire.

Je veux protéger ta famille, préviens-la, dit le chat.

3 Le temps des verbes

Conjugue en choisissant le temps qui convient. Souligne l'indicateur qui annonce le temps du verbe.

Hier, le chat *a vu* un rat.

Le rat *a cru* à ses bonnes paroles.

Aujourd'hui, le chat *surveille* les autres membres de la famille rat. Il *a* très envie de les croquer tous.

Autrefois, mon chat *vivait* sur le fauteuil du salon, maintenant il *est* si gros qu'il ne peut plus monter sur le fauteuil.

Que *feras*-tu quand tu *seras* grand ?

NOM : **PRÉNOM :**

15

NOTIONS ABORDÉES :

les mots en *ge* et en *gi* – le complément d'objet direct – le futur

HORIZONTALEMENT

A Synonyme de *action* – Phonétiquement *elle aime*.
B Faible lumière – Diminutif courant de *adolescent*.
C Deux fois – Négation de *et*.
D Terminaison des verbes du 2e groupe au présent, 2e personne du singulier – Verbe *peiner* au passé simple, 2e personne du singulier.
E Ancien nom de la Thaïlande – Participe passé du verbe *voir*.
F Synonyme de *effrayants, terrifiants*.
G Carte la plus forte dans le jeu – Il brûle dans la cheminée.
H Stupide, un peu bête, au féminin.
I Verbe *voir* au présent, 3e personne du singulier – Adjectif possessif masculin singulier.
J Nom de la famille du verbe *masser*, au pluriel.

VERTICALEMENT

1 Ville du sud de la France – Nom de la famille du verbe *entasser*.
2 Partie haute et musclée du membre inférieur, au pluriel – Verbe *aller* à l'impératif présent, singulier.
3 Adjectif possessif pluriel – Terminaison des verbes du 2e groupe à l'infinitif – Appel de détresse.
4 Participe passé du verbe *avoir* – Synonyme de *quelquefois*.
5 Verbe *émietter* au passé simple, 3e personne du singulier.
6 Négation de *et* – Celui qui en marque le plus au football gagne le match.
7 À l'extrémité du membre supérieur – Belle saison.
8 Nom de la famille du verbe *avouer* – Ils constituent le squelette.
9 Ils n'ont pas le dos droit – Il faut 12 mois pour en faire un.

	1	2	3	4	5	6	7	8	9
A					■			■	
B						■			
C				■	■			■	
D			■						
E	■					■	■		
F									
G			■				■		■
H		■						■	
I	■					■			
J									■

EXERCICES

avec le rappel de la règle

1 Mots en *ge* et en *gi*

Si on veut obtenir le son *g*, on met un *u* après le *g*.

Écris correctement.

Des massa....s – un dég....sement – une ....tare – une ba....e – la bag....ette – La fig....re – le visag.... – une fig.... – il est fatig.... – un jug....

2 Le complément d'objet direct

Le pronom complément d'objet direct se trouve devant le verbe.

Souligne le pronom complément d'objet direct et réécris la phrase en le remplaçant par un groupe nominal.

Hakim le retrouvera. ....

....

Séverine les prépare. ....

....

Maman le fait. ....

....

Nous l'applaudissons. ....

....

3 Le futur

Pour obtenir le futur des verbes du 1er et du 2e groupes, on ajoute *ai, as, a, ons, ez, ont* à l'infinitif du verbe.

Conjugue ces verbes au futur.

Je *(retrouver)* .... Ils *(soigner)* ....

Nous *(jouer)* .... Tu te *(déguiser)* ....

Dans une semaine, vous *(monter)* .... dans l'avion.

La fillette *(aimer)* .... sa jolie robe.

NOM : **PRÉNOM :**

15 CORRIGÉS

NOTIONS ABORDÉES :

les mots en *ge* et en *gi* – le complément d'objet direct – le futur

HORIZONTALEMENT

A Synonyme de *action* – Phonétiquement *elle aime*.
B Faible lumière – Diminutif courant de *adolescent*.
C Deux fois – Négation de *et*.
D Terminaison des verbes du 2e groupe au présent, 2e personne du singulier – Verbe *peiner* au passé simple, 2e personne du singulier.
E Ancien nom de la Thaïlande – Participe passé du verbe *voir*.
F Synonyme de *effrayants, terrifiants*.
G Carte la plus forte dans le jeu – Il brûle dans la cheminée.
H Stupide, un peu bête, au féminin.
I Verbe *voir* au présent, 3e personne du singulier – Adjectif possessif masculin singulier.
J Nom de la famille du verbe *masser*, au pluriel.

VERTICALEMENT

1 Ville du sud de la France – Nom de la famille du verbe *entasser*.
2 Partie haute et musclée du membre inférieur, au pluriel – Verbe *aller* à l'impératif présent, singulier.
3 Adjectif possessif pluriel – Terminaison des verbes du 2e groupe à l'infinitif – Appel de détresse.
4 Participe passé du verbe *avoir* – Synonyme de *quelquefois*.
5 Verbe *émietter* au passé simple, 3e personne du singulier.
6 Négation de *et* – Celui qui en marque le plus au football gagne le match.
7 À l'extrémité du membre supérieur – Belle saison.
8 Nom de la famille du verbe *avouer* – Ils constituent le squelette.
9 Ils n'ont pas le dos droit – Il faut 12 mois pour en faire un.

	1	2	3	4	5	6	7	8	9
A	A	C	T	E	■	L	M	■	B
B	L	U	E	U	R	■	A	D	O
C	B	I	S	■	■	N	I	■	S
D	I	S	■	P	E	I	N	A	S
E	■	S	I	A	M	■	■	V	U
F	T	E	R	R	I	B	L	E	S
G	A	S	■	F	E	U	■	U	■
H	S	■	S	O	T	T	E	■	A
I	■	V	O	I	T	■	T	O	N
J	M	A	S	S	A	G	E	S	■

EXERCICES

avec le rappel de la règle

1 Mots en *ge* et en *gi*

Si on veut obtenir le son *g*, on met un *u* après le *g*.

Écris correctement.

Des massa*ges* – un dég*u*isement – une *gu*itare – une ba*gue* – la bag*u*ette – La fig*u*re – le visag*e* – une fig*ue* – il est fatig*ué* – un jug*e*

2 Le complément d'objet direct

Le pronom complément d'objet direct se trouve devant le verbe.

Souligne le pronom complément d'objet direct et réécris la phrase en le remplaçant par un groupe nominal.

Hakim le retrouvera. *Hakim retrouvera son ami.*

Séverine les prépare. *Séverine prépare les valises.*

Maman le fait. *Maman fait un gâteau.*

Nous l'applaudissons. *Nous applaudissons le clown.*

3 Le futur

Pour obtenir le futur des verbes du 1er et du 2e groupes, on ajoute *ai, as, a, ons, ez, ont* à l'infinitif du verbe.

Conjugue ces verbes au futur.

Je *retrouverai*. Ils *soigneront*.

Nous *jouerons*. Tu te *déguiseras*.

Dans une semaine, vous *monterez* dans l'avion.

La fillette *aimera* sa jolie robe.

NOM : **PRÉNOM :**

16

NOTIONS ABORDÉES :

révisions – le complément d'objet direct – le futur

HORIZONTALEMENT

- **A** Siège courant, de cuisine ou de salle à manger – Grand fleuve d'Italie.
- **B** Recouvre et protège notre corps.
- **C** Participe présent du verbe *lier* au féminin.
- **D** Pronom personnel, 3e personne du pluriel, masculin – Ville de France où les rois se faisaient sacrer.
- **E** Note de musique – Pronom réfléchi singulier.
- **F** Île française reliée au continent par un grand pont – Phonétiquement *happer*.
- **G** Participe présent du verbe *imprimer*.
- **H** Phonétiquement *elle*.
- **I** Contraire de *épaisse*, synonyme de *mince* – Le hareng l'est.

VERTICALEMENT

- **1** Petit oiseau des îles.
- **2** Pronom personnel, 3e personne du singulier, masculin – Trouble qui vient d'une émotion, contraire de *calme*.
- **3** Autre nom de *perroquet*, au pluriel.
- **4** Participe passé du verbe *mûrir* au féminin.
- **5** Les facteurs le font avant de distribuer le courrier.
- **6** Celle de Roland s'appelait Durandal – On dit qu'elle monte au ciel après la mort.
- **7** Antilope du sud et de l'ouest de l'Afrique.
- **8** L'intérieur de la main.
- **9** Indique un choix – Verbe synonyme de *enlever*.

	1	2	3	4	5	6	7	8	9
A							■		
B		■		■	■				
C							■		■
D				■					
E		■	■			■			■
F			■		■			■	
G									
H	■		■		■			■	
I					■				

EXERCICES
avec le rappel de la règle

1 Révisions

Complète sans faute, le verbe est au futur.

Mamie tend les legos à s..... petit-fils.
Elle *(apporter)* .... des livr..... pour racont..... des histoires à s..... enfant. Ce s.......... des livres sur les insectes e..... sur les oiseau..... Nous reviendr..... dema....., mainten..... il e..... tro..... tard pour travaill......

2 Le complément d'objet direct

Compose une phrase dans laquelle le pronom personnel indiqué sera complément d'objet direct.

Les : ....

La : ....

Le : ....

L' : ....

3 Le futur

Souviens-toi des terminaisons des verbes des 1er et 2e groupes au futur :
ai – as – a – ons – ez – ont.

Conjugue au futur.

Il *(préférer)* ....

Nous *(rapporter)* ....

Elles *(oublier)* ....

Tu *(embrasser)* ....

Je *(finir)* ....

Vous *(embellir)* ....

NOM : **PRÉNOM :**

16

NOTIONS ABORDÉES :

révisions – le complément d'objet direct – le futur

CORRIGÉS

HORIZONTALEMENT

A Siège courant, de cuisine ou de salle à manger – Grand fleuve d'Italie.
B Recouvre et protège notre corps.
C Participe présent du verbe *lier* au féminin.
D Pronom personnel, 3e personne du pluriel, masculin – Ville de France où les rois se faisaient sacrer.
E Note de musique – Pronom réfléchi singulier.
F Île française reliée au continent par un grand pont – Phonétiquement *happer*.
G Participe présent du verbe *imprimer*.
H Phonétiquement *elle*.
I Contraire de *épaisse*, synonyme de *mince* – Le hareng l'est.

VERTICALEMENT

1 Petit oiseau des îles.
2 Pronom personnel, 3e personne du singulier, masculin – Trouble qui vient d'une émotion, contraire de *calme*.
3 Autre nom de *perroquet*, au pluriel.
4 Participe passé du verbe *mûrir* au féminin.
5 Les facteurs le font avant de distribuer le courrier.
6 Celle de Roland s'appelait Durandal – On dit qu'elle monte au ciel après la mort.
7 Antilope du sud et de l'ouest de l'Afrique.
8 L'intérieur de la main.
9 Indique un choix – Verbe synonyme de *enlever*.

	1	2	3	4	5	6	7	8	9
A	C	H	A	I	S	E	■	P	O
B	O	■	R	■	■	P	E	A	U
C	L	I	A	N	T	E	■	U	■
D	I	L	S	■	R	E	I	M	S
E	B	■	■	M	I	■	M	E	■
F	R	E	■	U	■	A	P	■	O
G	I	M	P	R	I	M	A	N	T
H	■	O	■	I	■	E	L	■	E
I	F	I	N	E	■	S	A	U	R

EXERCICES

avec le rappel de la règle

1 Révisions

Complète sans faute ; le verbe est au futur.

Mamie tend les legos à s*on* petit-fils.

Elle *apportera* des livr*es* pour racont*er* des histoires à s*on* enfant. Ce s*ont* des livres sur les insectes e*t* sur les oiseau*x*.

Nous reviendr*ons* dema*in*, mainten*ant* il e*st* tro*p* tard pour travaill*er*.

2 Le complément d'objet direct

Compose une phrase dans laquelle le pronom personnel indiqué sera complément d'objet direct.

Les : *Il a pris les pommes et il les a rangées dans le panier.*

La : *Il court vers sa maman et la prend dans les bras.*

Le : *Cet enfant aime tellement le chocolat qu'il le mange en cachette.*

L' : *J'ai admiré ce paysage puis je l'ai filmé.*

3 Le futur

Souviens-toi des terminaisons des verbes des 1er et 2e groupes au futur :
ai – as – a – ons – ez – ont.

Conjugue au futur.

Il *préférera*

Nous *rapporterons*

Elles *oublieront*

Tu *embrasseras*

Je *finirai*

Vous *embellirez*

NOM : **PRÉNOM :**

NOTIONS ABORDÉES :

révisions – les accords dans la phrase – le participe passé

HORIZONTALEMENT

A Elles transportent les blessés et les malades, au pluriel.
B Deux – Négation de *et* – Pronom personnel, 3e personne du singulier, masculin.
C Participe passé du verbe *agir* – Masculin de *femelle*.
D Synonyme de *empreintes* – Adjectif possessif masculin singulier.
E Adjectif possessif féminin singulier – Terminaison des verbes du 2e groupe à l'infinitif.
F Verbe synonyme de *ôter*, à l'infinitif.
G Tu le lances pour déplacer ton pion – Terminaison des verbes du 1er groupe, présent, 2e personne du singulier – Participe passé du verbe *savoir*.
H Balle lancée hors du terrain – Pronom réfléchi, 2e personne du singulier.
I Arbres qui produisent de la résine.
J Les filles le sont en classe sur leur chaise, pendant les cours.

VERTICALEMENT

1 Verbe *abattre* au présent, 2e personne du singulier – Note de musique.
2 Qui partent vers les pays chauds en hiver.
3 3e et 1re voyelles de l'alphabet français – Adjectif possessif pluriel.
4 Article indéfini masculin singulier – Ville de Normandie – Introduit une condition.
5 Synonyme de *râpe*, elle peut être à ongles – Participe passé du verbe *mettre*.
6 Refuge – Négation souvent suivie de *pas*.
7 Grand fleuve d'Égypte – Ce qui reste, au pluriel.
8 Elles servent à ouvrir et à fermer les portes – Participe passé du verbe *avoir*.
9 On la fait rôtir à Noël (au pluriel).
10 Contraire de *malade* – Voie de circulation.

	1	2	3	4	5	6	7	8	9	10
A										
B			■			■			■	
C				■					■	
D							■			
E			■		■			■		■
F	■		■							
G			■					■		
H				■		■			■	
I	■									■
J								■	■	■

EXERCICES

avec le rappel de la règle

1 Révisions

Complète :

• ***ai / et / es / est*** : Pierre ...... triste ...... veut réagir devant la pollution.
• ***é / er*** : La cigogne va cherch...... au loin son repas qu'elle n'a pas trouv...... ici.
• ***p / pp*** : J'a...... erçois des cigognes sur la cheminée de la maison qui a...... artient à mon oncle.
• ***s / ss*** : Le nid colo...... al de l'oi...... eau est impre...... ionnant.

2 Les accords dans la phrase

Mets ces phrases au pluriel en faisant tous les accords nécessaires.

Cet homme est très inquiet car il ne voit plus la cigogne blanche.

....

La cigogne va chercher asile dans un pays chaud, car elle manque de nourriture chez nous.

....

3 Le participe passé

Utilise le passé composé pour le trouver.

Complète le tableau.

VERBES	GROUPES	PARTICIPE PASSÉ
Avoir		
Être		
Faire		
Percher		
Arriver		
Grandir		
Savoir		
Prendre		
Crier		
Finir		

NOM : **PRÉNOM :**

17 CORRIGÉS

NOTIONS ABORDÉES :

révisions – les accords dans la phrase – le participe passé

HORIZONTALEMENT

A Elles transportent les blessés et les malades, au pluriel.
B Deux – Négation de *et* – Pronom personnel, 3ᵉ personne du singulier, masculin.
C Participe passé du verbe *agir* – Masculin de *femelle*.
D Synonyme de *empreintes* – Adjectif possessif masculin singulier.
E Adjectif possessif féminin singulier – Terminaison des verbes du 2ᵉ groupe à l'infinitif.
F Verbe synonyme de *ôter*, à l'infinitif.
G Tu le lances pour déplacer ton pion – Terminaison des verbes du 1ᵉʳ groupe, présent, 2ᵉ personne du singulier – Participe passé du verbe *savoir*.
H Balle lancée hors du terrain – Pronom réfléchi, 2ᵉ personne du singulier.
I Arbres qui produisent de la résine.
J Les filles le sont en classe sur leur chaise, pendant les cours.

VERTICALEMENT

1 Verbe *abattre* au présent, 2ᵉ personne du singulier – Note de musique.
2 Qui partent vers les pays chauds en hiver.
3 3ᵉ et 1ʳᵉ voyelles de l'alphabet français – Adjectif possessif pluriel.
4 Article indéfini masculin singulier – Ville de Normandie – Introduit une condition.
5 Synonyme de *râpe*, elle peut être à ongles – Participe passé du verbe *mettre*.
6 Refuge – Négation souvent suivie de *pas*.
7 Grand fleuve d'Égypte – Ce qui reste, au pluriel.
8 Elles servent à ouvrir et à fermer les portes – Participe passé du verbe *avoir*.
9 On la fait rôtir à Noël (au pluriel).
10 Contraire de *malade* – Voie de circulation.

	1	2	3	4	5	6	7	8	9	10
A	A	M	B	U	L	A	N	C	E	S
B	B	I	■	N	I	■	I	L	■	A
C	A	G	I	■	M	A	L	E	■	I
D	T	R	A	C	E	S	■	S	O	N
E	S	A	■	A	■	I	R	■	I	■
F	■	T	■	E	N	L	E	V	E	R
G	D	E	■	N	■	E	S	■	S	U
H	O	U	T	■	M	■	T	E	■	E
I	■	R	E	S	I	N	E	U	X	■
J	A	S	S	I	S	E	S	■	■	■

EXERCICES

avec le rappel de la règle

1 Révisions

Complète :

• *ai / et / es / est* : Pierre *est* triste *et* veut réagir devant la pollution.
• *é / er* : La cigogne va cherch*er* au loin son repas qu'elle n'a pas trouv*é* ici.
• *p / pp* : J'a*p*erçois des cigognes sur la cheminée de la maison qui a*pp*artient à mon oncle.
• *s / ss* : Le nid colo*ss*al de l'oi*s*eau est impre*ss*ionnant.

2 Les accords dans la phrase

Mets ces phrases au pluriel en faisant tous les accords nécessaires.

Cet homme est très inquiet car il ne voit plus la cigogne blanche.

Ces hommes sont très inquiets car ils ne voient plus les cigognes blanches.

La cigogne va chercher asile dans un pays chaud, car elle manque de nourriture chez nous.

Les cigognes vont chercher asile dans des pays chauds, car elles manquent de nourriture chez nous.

3 Le participe passé

Utilise le passé composé pour le trouver.

Complète le tableau.

VERBES	GROUPES	PARTICIPE PASSÉ
Avoir	*auxiliaire*	*eu*
Être	*auxiliaire*	*été*
Faire	*3ᵉ*	*fait*
Percher	*1ᵉʳ*	*perché*
Arriver	*1ᵉʳ*	*arrivé*
Grandir	*2ᵉ*	*grandi*
Savoir	*3ᵉ*	*su*
Prendre	*3ᵉ*	*pris*
Crier	*1ᵉʳ*	*crié*
Finir	*2ᵉ*	*fini*

NOM : **PRÉNOM :**

18

NOTIONS ABORDÉES :

les adjectifs numéraux – le participe présent

HORIZONTALEMENT

A Synonyme de *suffisamment* – Tu le lances pour déplacer ton pion.
B Synonyme de *choc*, homonyme de *cou* et *coût*.
C Ni de face, ni de dos, certains préfèrent le droit, d'autres le gauche.
D Boursouflée, ballonnée – Note de musique.
E Cuite au four – Avec une cédille se prononce *sa*.
F Elle se mélange au vinaigre pour assaisonner la salade.
G Verbe *gêner* au passé simple, 2e personne du singulier – Participe passé du verbe *avoir*, masculin, singulier.
H Initiales de l'Organisation des Nations Unies – Participe passé du verbe *nuire*, masculin pluriel.
I Outils qui servent à enfoncer les clous, au pluriel.
J Pays d'Asie dont la capitale est New Delhi – Introduit une condition – Ils constituent le squelette.

VERTICALEMENT

1 Participe passé du verbe *gémir*.
2 Tache en forme de cercle sur un papier ou un tissu – Il faut 12 mois pour en faire un.
3 Verbe *avoir* au présent, 3e personne du pluriel – Point cardinal donné par la boussole.
4 Contraire de *insuffisant*, au féminin.
5 Terre entourée d'eau – Verbe *suer* au présent, 1re personne du singulier.
6 Article défini masculin singulier – Dans un jeu, la carte la plus forte.
7 Ancienne monnaie au temps des rois en France – Participe passé du verbe *nuire*.
8 On l'appuie contre le dossier – Ce sont nos parents les plus âgés.
9 Participe passé du verbe *avoir* – Pronom personnel dont le pluriel est *leur*.
10 Nom de la famille du verbe *promettre* (au pluriel).

	1	2	3	4	5	6	7	8	9	10
A	■						■			■
B	■		■		■	■				
C							■		■	
D	■							■		
E						■			■	
F	■		■		■					
G						■	■			
H		■				■				
I									■	
J					■			■		

EXERCICES
avec le rappel de la règle

1 Les adjectifs numéraux

***Mille* ne prend jamais de *s*, *vingt* et *cent* prennent un *s* quand ils sont au pluriel et n'en prennent pas quand ils sont suivis de dizaines ou d'unités.**
***Exemple : deux cent dix* mais *deux cents*.**

Écris les chiffres en lettres.

Sophie a ramassé environ 300 .... champignons.

Pour faire un gâteau il faut 250 .... g de farine, 125 .... g de beurre et 150 .... g de sucre.

Il y a plus de 2 000 .... livres dans cette bibliothèque.

2 Le participe présent

Il se termine par *ant* : *chanter / chantant – finir / finissant – aller / allant*.

Complète le tableau.

VERBES	PARTICIPE PRÉSENT	PARTICIPE PASSÉ
Avoir		
Être		
Penser		
Faire		
Recouvrir		
Tomber		
Glisser		
Prendre		
Grandir		
Atterrir		

NOM : **PRÉNOM :**

18

NOTIONS ABORDÉES :

les adjectifs numéraux – le participe présent

CORRIGÉS

HORIZONTALEMENT

A Synonyme de *suffisamment* – Tu le lances pour déplacer ton pion.
B Synonyme de *choc*, homonyme de *cou* et *coût*.
C Ni de face, ni de dos, certains préfèrent le droit, d'autres le gauche.
D Boursouflée, ballonnée – Note de musique.
E Cuite au four – Avec une cédille se prononce *sa*.
F Elle se mélange au vinaigre pour assaisonner la salade.
G Verbe *gêner* au passé simple, 2ᵉ personne du singulier – Participe passé du verbe *avoir*, masculin, singulier.
H Initiales de l'Organisation des Nations Unies – Participe passé du verbe *nuire*, masculin pluriel.
I Outils qui servent à enfoncer les clous, au pluriel.
J Pays d'Asie dont la capitale est New Delhi – Introduit une condition – Ils constituent le squelette.

VERTICALEMENT

1 Participe passé du verbe *gémir*.
2 Tache en forme de cercle sur un papier ou un tissu – Il faut 12 mois pour en faire un.
3 Verbe *avoir* au présent, 3ᵉ personne du pluriel – Point cardinal donné par la boussole.
4 Contraire de *insuffisant*, au féminin.
5 Terre entourée d'eau – Verbe *suer* au présent, 1ʳᵉ personne du singulier.
6 Article défini masculin singulier – Dans un jeu, la carte la plus forte.
7 Ancienne monnaie au temps des rois en France – Participe passé du verbe *nuire*.
8 On l'appuie contre le dossier – Ce sont nos parents les plus âgés.
9 Participe passé du verbe *avoir* – Pronom personnel dont le pluriel est *leur*.
10 Nom de la famille du verbe *promettre* (au pluriel).

	1	2	3	4	5	6	7	8	9	10
A	■	A	S	S	E	Z	■	D	E	■
B	■	U	■	U	■	■	C	O	U	P
C	P	R	O	F	I	L	■	S	■	R
D	■	E	N	F	L	E	E	■	D	O
E	R	O	T	I	E	■	C	A	■	M
F	■	L	■	S	■	H	U	I	L	E
G	G	E	N	A	S	■	■	E	U	S
H	E	■	O	N	U	■	N	U	I	S
I	M	A	R	T	E	A	U	X	■	E
J	I	N	D	E	■	S	I	■	O	S

EXERCICES

avec le rappel de la règle

1 Les adjectifs numéraux

Mille **ne prend jamais de *s*, *vingt* et *cent* prennent un *s* quand ils sont au pluriel et n'en prennent pas quand ils sont suivis de dizaines ou d'unités.**
Exemple : deux cent dix **mais *deux cents.***

Écris les chiffres en lettres.

Sophie a ramassé environ (300) *trois cents* champignons.

Pour faire un gâteau il faut (250) *deux cent cinquante* g de farine, (125) *cent vingt-cinq* g de beurre et (150) *cent cinquante* g de sucre.

Il y a plus de (2 000) *deux mille* livres dans cette bibliothèque.

2 Le participe présent

Il se termine par *ant* : *chanter / chantant – finir / finissant – aller / allant.*

Complète le tableau.

VERBES	PARTICIPE PRÉSENT	PARTICIPE PASSÉ
Avoir	*ayant*	*eu*
Être	*étant*	*été*
Penser	*pensant*	*pensé*
Faire	*faisant*	*fait*
Recouvrir	*recouvrant*	*recouvert*
Tomber	*tombant*	*tombé*
Glisser	*glissant*	*glissé*
Prendre	*prenant*	*pris*
Grandir	*grandissant*	*grandi*
Atterrir	*atterrissant*	*atterri*

NOM : **PRÉNOM :**

19

NOTIONS ABORDÉES :

les adjectifs numéraux – l'attribut du sujet – révisions

HORIZONTALEMENT

A Nation, pays politique, au pluriel – Pronom personnel indéfini.
B Annonce une suite – Il est blanc, de campagne, de seigle, de mie.
C Syllabe commune aux mots : *dérober, enrober, carotte*.
D Synonyme de *faute*, contraire de *exactitude*.
E On l'entend à la fin des vers en poésie – Petit animal rampant, il est souvent de terre.
F Il faut 12 mois pour en faire un – S'il est mauvais, c'est un cauchemar.
G Ouverture d'un tonneau – Rivière de France affluent du Rhône.
H Terminaison des verbes du 1er groupe à l'infinitif – Synonyme de *perfidie*, contraire de *droiture*.
I À demi – Verbe *être* au présent, 2e personne du singulier.

VERTICALEMENT

1 Crustacé ramassé sur la plage ; attention à ses pinces ! (au pluriel).
2 Abréviation de *et caetera*.
3 Verbe *émaner* au présent 2e personne du singulier.
4 Verbe du 3e groupe signifiant *acquérir des connaissances*.
5 Adjectif possessif singulier de *tes*.
6 Nom donné au roi autrefois – Participe passé du verbe *rire*.
7 Contraire de *ancien*, masculin.
8 Verbe synonyme de *repasser, revoir*, au présent, 3e personne du singulier.
9 Contraire de *oui* – Brides, guides pour diriger un animal, le cheval par exemple.

	1	2	3	4	5	6	7	8	9
A	■						■		
B			■					■	
C	■		■		■			■	
D		■							■
E					■	■			
F		■			■				
G						■			
H		■			■				
I		■					■		

EXERCICES

avec le rappel de la règle

1 Les adjectifs numéraux

On place un trait d'union entre les unités et les dizaines, sauf s'ils sont unis par *et*.

Écris en lettres les nombres suivants.

218 : ....

3 000 : ....

459 : ....

580 : ....

2 L'attribut du sujet

Avec les verbes *être, sembler, devenir, paraître*, l'adjectif qualificatif est attribut du nom.
***Exemples :* Le chat est noir ; *noir* est attribut de *chat* – La mer semble bleue ; *bleue* est attribut de *mer*.**

Invente quatre phrases avec un attribut.

....

....

....

....

3 Révisions

Complète le tableau en utilisant le pronom personnel *nous*.

VERBES	PRÉSENT	PASSÉ SIMPLE	IMPARFAIT	PARTICIPE PASSÉ
Créer				
Être				
Apprendre				
Vouloir				

NOM : **PRÉNOM :**

19 CORRIGÉS

NOTIONS ABORDÉES :

les adjectifs numéraux – l'attribut du sujet – révisions

HORIZONTALEMENT

A Nation, pays politique, au pluriel – Pronom personnel indéfini.
B Annonce une suite – Il est blanc, de campagne, de seigle, de mie.
C Syllabe commune aux mots : *dérober, enrober, carotte.*
D Synonyme de *faute*, contraire de *exactitude*.
E On l'entend à la fin des vers en poésie – Petit animal rampant, il est souvent de terre.
F Il faut 12 mois pour en faire un – S'il est mauvais, c'est un cauchemar.
G Ouverture d'un tonneau – Rivière de France affluent du Rhône.
H Terminaison des verbes du 1er groupe à l'infinitif – Synonyme de *perfidie*, contraire de *droiture*.
I À demi – Verbe *être* au présent, 2e personne du singulier.

VERTICALEMENT

1 Crustacé ramassé sur la plage ; attention à ses pinces ! (au pluriel).
2 Abréviation de *et caetera*.
3 Verbe *émaner* au présent 2e personne du singulier.
4 Verbe du 3e groupe signifiant *acquérir des connaissances*.
5 Adjectif possessif singulier de *tes*.
6 Nom donné au roi autrefois – Participe passé du verbe *rire*.
7 Contraire de *ancien*, masculin.
8 Verbe synonyme de *repasser, revoir*, au présent, 3e personne du singulier.
9 Contraire de *oui* – Brides, guides pour diriger un animal, le cheval par exemple.

	1	2	3	4	5	6	7	8	9
A	■	E	T	A	T	S	■	O	N
B	E	T	■	P	A	I	N	■	O
C	■	C	■	P	■	R	O	■	N
D	C	■	E	R	R	E	U	R	■
E	R	I	M	E	■	■	V	E	R
F	A	■	A	N	■	R	E	V	E
G	B	O	N	D	E	■	A	I	N
H	E	■	E	R	■	R	U	S	E
I	S	■	S	E	M	I	■	E	S

EXERCICES
avec le rappel de la règle

1 Les adjectifs numéraux

On place un trait d'union entre les unités et les dizaines, sauf s'ils sont unis par *et*.

Écris en lettres les nombres suivants.

218 : *deux cent dix-huit*

3 000 : *trois mille*

459 : *quatre cent cinquante-neuf*

580 : *cinq cent quatre-vingts*

2 L'attribut du sujet

Avec les verbes *être, sembler, devenir, paraître*, l'adjectif qualificatif est attribut du nom.
***Exemples :* Le chat est noir ; *noir* est attribut de *chat* – La mer semble bleue ; *bleue* est attribut de *mer*.**

Invente quatre phrases avec un attribut.

Napoléon est corse.
Julie semble courageuse.
Ce potage à l'oseille paraît succulent.
Le contrôle devient facile.

3 Révisions

Complète le tableau en utilisant le pronom personnel *nous*.

VERBES	PRÉSENT	PASSÉ SIMPLE	IMPARFAIT	PARTICIPE PASSÉ
Créer	*nous créons*	*nous créâmes*	*nous créions*	*créé*
Être	*nous sommes*	*nous fûmes*	*nous étions*	*été*
Apprendre	*nous apprenons*	*nous apprîmes*	*nous apprenions*	*appris*
Vouloir	*nous voulons*	*nous voulûmes*	*nous voulions*	*voulu*

NOM : **PRÉNOM :**

20

NOTIONS ABORDÉES :

***quand / qu'en / quant* - la forme passive – l'impératif**

HORIZONTALEMENT

- **A** Installation nécessaire au trafic aérien.
- **B** Condiment qui parfume le gigot et les salades.
- **C** Adverbe signifiant *comme ça*.
- **D** Partie commune aux mots : *rime, crime, magnanime* – Partie arrière du corps.
- **E** Verbe *verser* au présent, 1re personne du singulier – Participe passé du verbe *avoir*, feminin singulier.
- **F** Préposition significant *dans* – Féminin singulier de *tes*.
- **G** Annonce une suite – Femmes des rois.
- **H** Pronom personnel masculin singulier – Synonyme de *cadeau*, de *bienfait*, homonyme de *dont*.
- **I** Qui se produisent souvent, répétés, contraire de *rares*.

VERTICALEMENT

- **1** Contraire de *départ*.
- **2** Ne pas dire la vérité.
- **3** Ne pas être content, rouspéter, en langage courant – Article défini masculin, singulier.
- **4** Un roi dont on a enlevé la première lettre.
- **5** Vénus en est une.
- **6** Soutien, générosité, appui, secours.
- **7** Danse en cercle – Contraire de *oui*.
- **8** Fréquemment, contraire de *rarement*.
- **9** Prénom féminin.

	1	2	3	4	5	6	7	8	9
A									■
B		■				■		■	
C		■		■					
D				■		■			
E						■			
F			■	■			■		■
G			■						
H	■			■	■				■
I									

EXERCICES

avec le rappel de la règle

1 *Quand / qu'en / quant*

***Quand* = lorsque – *qu'en* = que en –**
quant devant *à* ou *au (quant à, quant au).*

Complète.

.... un cataclysme est annoncé, tout est fermé.

.... aux dégâts causés, ils sont très importants.

On dit que le calme est revenu, ... penses-tu ?

J'espère qu'il n'y aura ni ouragan ni tornade

.... nous serons là-bas.

.... feras-tu de ce livre .... tu l'auras lu ?

.... à moi, j'aimerais le garder.

2 La forme passive

Le chat <u>chasse</u> la souris = forme active.
La souris <u>est chassée par</u> le chat = forme passive

Transforme les phrases à la forme active en phrases à la forme passive après avoir souligné le complément d'objet direct.

La tempête déracine les arbres. ....

Ces phénomènes météo causent des dégâts. ....

....

Les autorités préviennent les habitants. ....

La météo prévoit le temps. ....

3 L'impératif présent

Complète le tableau avec les trois personnes de l'impératif présent.

VERBES	1re PERS.	2e PERS.	3e PERS.
Fermer			
Courir			
Finir			
Aller			

NOM : **PRÉNOM :**

20

NOTIONS ABORDÉES :

***quand / qu'en / quant* – la forme passive – l'impératif**

CORRIGÉS

HORIZONTALEMENT

A Installation nécessaire au trafic aérien.
B Condiment qui parfume le gigot et les salades.
C Adverbe signifiant *comme ça*.
D Partie commune aux mots : *rime, crime, magnanime* – Partie arrière du corps.
E Verbe *verser* au présent, 1re personne du singulier – Participe passé du verbe *avoir*, feminin singulier.
F Préposition significant *dans* – Féminin singulier de *tes*.
G Annonce une suite – Femmes des rois.
H Pronom personnel masculin singulier – Synonyme de *cadeau*, de *bienfait*, homonyme de *dont*.
I Qui se produisent souvent, répétés, contraire de *rares*.

VERTICALEMENT

1 Contraire de *départ*.
2 Ne pas dire la vérité.
3 Ne pas être content, rouspéter, en langage courant – Article défini masculin, singulier.
4 Un roi dont on a enlevé la première lettre.
5 Vénus en est une.
6 Soutien, générosité, appui, secours.
7 Danse en cercle – Contraire de *oui*.
8 Fréquemment, contraire de *rarement*.
9 Prénom féminin.

	1	2	3	4	5	6	7	8	9
A	A	E	R	O	P	O	R	T	■
B	R	■	A	I	L	■	O	■	L
C	R	■	L	■	A	I	N	S	I
D	I	M	E	■	N	■	D	O	S
E	V	E	R	S	E	■	E	U	E
F	E	N	■	■	T	A	■	V	■
G	E	T	■	R	E	I	N	E	S
H	■	I	L	■	■	D	O	N	■
I	F	R	E	Q	U	E	N	T	S

EXERCICES

avec le rappel de la règle

1 *Quand / qu'en / quant*

***Quand* = lorsque – *qu'en* = que en – quant devant *à* ou *au* (*quant à, quant au*).**

Complète.

Quand un cataclysme est annoncé, tout est fermé.
Quant aux dégâts causés, ils sont très importants.
On dit que le calme est revenu, *qu'en* penses-tu ?
J'espère qu'il n'y aura ni ouragan ni tornade *quand* nous serons là-bas.
Qu'en feras-tu de ce livre *quand* tu l'auras lu ?
Quant à moi, j'aimerais le garder.

2 La forme passive

Le chat chasse la souris = forme active.
La souris est chassée par le chat = forme passive

Transforme les phrases à la forme active en phrases à la forme passive après avoir souligné le complément d'objet direct.

La tempête déracine les arbres.
Les arbres sont déracinés par la tempête.

Ces phénomènes météo causent des dégâts.
Des dégâts sont causés par ces phénomènes météo.

Les autorités préviennent les habitants.
Les habitants sont prévenus par les autorités.

La météo prévoit le temps.
Le temps est prévu par la météo.

3 L'impératif présent

Complète le tableau avec les trois personnes de l'impératif présent.

VERBES	1re PERS.	2e PERS.	3e PERS.
Fermer	*ferme*	*fermons*	*fermez*
Courir	*cours*	*courons*	*courez*
Finir	*finis*	*finissons*	*finissez*
Aller	*va*	*allons*	*allez*

NOM : **PRÉNOM :**

21

NOTIONS ABORDÉES :

si / s'y – la forme passive – l'impératif

HORIZONTALEMENT

A Représentation sur une scène.
B Autre nom de la note de musique *do*.
C Action de découper.
D Avec une cédille se prononce *sa* – Plaisirs, contraire de *peines*.
E Adjectif démonstratif, masculin singulier – Signe mathématique contraire du signe *plus*.
F Séparation qui peut être définitive, au pluriel.
G Petit animal rampant qui peut être de terre - Fatigué.
H Le poison des serpents, privé de sa 1re lettre, au pluriel – Article indéfini féminin singulier.
I La moitié de la mouche qui provoque la maladie du sommeil – Assembler avec un lien.

VERTICALEMENT

1 On y garde les bouteilles et les fruits, se situe souvent sous la maison.
2 Qui vient avant.
3 Avec une cédille se prononce *sa* – Partie colorée de l'œil, percée en son centre de la pupille.
4 Pronom réfléchi, 1re personne du singulier – Arrivé.
5 Contraire de *jamais*.
6 Au Moyen Âge, les soldats la jetaient bouillante sur les attaquants.
7 Affluent du Rhône – Pronom personnel masculin, donne *leur* au pluriel.
8 Pour glisser sur la neige quand on est petit, au pluriel – Animal têtu.
9 Saison chaude, au pluriel – Ne pas avoir peur.

	1	2	3	4	5	6	7	8	9
A									
B	■		■	■		■	■		
C									
D	■			■					
E			■						■
F							■	■	
G				■		■			
H						■			
I	■				■				

EXERCICES

avec le rappel de la règle

1 *Si* ou *s'y*

***Si* est une conjonction ou un adverbe ;**
***s'y* fait partie d'un verbe pronominal et peut se remplacer par *m'y* ou *t'y*.**

Complète.

Antoine veut assister à l'émission, il .... amuse tellement.

.... tu n'es pas un brillant candidat, tu ne gagneras pas.

Il voudrait gagner douze mille euros, ... c'est ainsi,

il achètera une voiture neuve, il .... voit déjà !

2 La forme passive

Le complément d'objet direct devient sujet.
Attention à l'accord avec l'auxiliaire *être*.
La souris <u>est mangée par</u> le chat.

Écris ces phrases à la forme passive.

Le célèbre Pierre Grandimanche présente l'émission.

....

....

Antoine gagne douze mille euros.

....

La télévision propose des jeux.

....

3 L'impératif présent

Complète le tableau.

VERBES	1re PERS.	2e PERS.	3e PERS.
Penser			
Faire			
Entreprendre			
Commencer			

NOM : **PRÉNOM :**

21 CORRIGÉS

NOTIONS ABORDÉES :

si / s'y – la forme passive – l'impératif

HORIZONTALEMENT

A Représentation sur une scène.
B Autre nom de la note de musique *do*.
C Action de découper.
D Avec une cédille se prononce *sa* – Plaisirs, contraire de *peines*.
E Adjectif démonstratif, masculin singulier – Signe mathématique contraire du signe *plus*.
F Séparation qui peut être définitive, au pluriel.
G Petit animal rampant qui peut être de terre - Fatigué.
H Le poison des serpents, privé de sa 1re lettre, au pluriel – Article indéfini féminin singulier.
I La moitié de la mouche qui provoque la maladie du sommeil – Assembler avec un lien.

VERTICALEMENT

1 On y garde les bouteilles et les fruits, se situe souvent sous la maison.
2 Qui vient avant.
3 Avec une cédille se prononce *sa* – Partie colorée de l'œil, percée en son centre de la pupille.
4 Pronom réfléchi, 1re personne du singulier – Arrivé.
5 Contraire de *jamais*.
6 Au Moyen Âge, les soldats la jetaient bouillante sur les attaquants.
7 Affluent du Rhône – Pronom personnel masculin, donne *leur* au pluriel.
8 Pour glisser sur la neige quand on est petit, au pluriel – Animal têtu.
9 Saison chaude, au pluriel – Ne pas avoir peur.

	1	2	3	4	5	6	7	8	9
A	S	P	E	C	T	A	C	L	E
B		R			O			U	T
C	D	E	C	O	U	P	A	G	E
D		C	A		J	O	I	E	S
E	C	E		M	O	I	N	S	
F	A	D	I	E	U	X			O
G	V	E	R		R		L	A	S
H	E	N	I	N	S		U	N	E
I		T	S	E		L	I	E	R

EXERCICES

avec le rappel de la règle

1 *Si* ou *s'y*

Si **est une conjonction ou un adverbe ;**
s'y **fait partie d'un verbe pronominal et peut se remplacer par *m'y* ou *t'y*.**

Complète.

Antoine veut assister à l'émission, il *s'y* amuse tellement.

Si tu n'es pas un brillant candidat, tu ne gagneras pas.

Il voudrait gagner douze mille euros, *si* c'est ainsi,

il achètera une voiture neuve, il *s'y* voit déjà !

2 La forme passive

Le complément d'objet direct devient sujet.
Attention à l'accord avec l'auxiliaire *être*.
La souris <u>est mangée par</u> le chat.

Écris ces phrases à la forme passive.

Le célèbre Pierre Grandimanche présente l'émission.
L'émission est présentée par le célèbre Pierre Grandimanche.

Antoine gagne douze mille euros.
Douze mille euros sont gagnés par Antoine.

La télévision propose des jeux.
Des jeux sont proposés par la télévision.

3 L'impératif présent

Complète le tableau.

VERBES	1re PERS.	2e PERS.	3e PERS.
Penser	*pense*	*pensons*	*pensez*
Faire	*fais*	*faisons*	*faites*
Entreprendre	*entreprends*	*entreprenons*	*entreprenez*
Commencer	*commence*	*commençons*	*commencez*

NOM : **PRÉNOM :**

NOTIONS ABORDÉES :

se / *ce* – la subordonnée relative – les verbes en *cer* et révisions

HORIZONTALEMENT

A Foulure de la cheville.
B Poisson de mer, appelé aussi *cabillaud* – Saison des vacances.
C Partie de l'homme opposée à l'esprit, homonyme de *cor*.
D Pronom personnel, 2e personne du singulier – Étroite bande de tissu coloré qui orne les cheveux des filles.
E Quantité contenue dans la cuve – On la rôtit à Noël.
F Organe double qui filtre le sang, au singulier – Initiales de *route nationale*.
G Il faut 12 mois pour en faire un (au pluriel) – Nom de la famille de *danser*.
H Note de musique – Terminaison des verbes du 1er groupe à l'infinitif.
I La moitié de l'insecte qui provoque la maladie du sommeil – L'athlète a droit à plusieurs au saut.

VERTICALEMENT

1 Initiales de *Étienne Marcel* – Un artiste l'exerce.
2 Qui a lieu pendant la nuit, au pluriel.
3 Participe passé du verbe *trouver*, masculin pluriel.
4 Animal carnassier à épaisse fourrure blanche qui vit dans les pays froids, dont on a enlevé la dernière lettre – Les 2e et 3e voyelles de l'alphabet français.
5 Prendre à nouveau.
6 Participe passé du verbe *savoir*.
7 Terminaison du participe passé des verbes du 1er groupe au féminin – Elles indiquent les distances au bord des routes.
8 Ils s'arrêtent dans les gares.
9 Pronom personnel, 1re personne du singulier – Arrivé – Partie terminale de la tige de blé.

	1	2	3	4	5	6	7	8	9
A								■	
B						■			
C	■						■		■
D	■			■					
E						■			
F	■					■			■
G				■					
H			■			■		■	
I				■					

EXERCICES

avec le rappel de la règle

1 *Se / ce*

***Se* pronom personnel se met devant un verbe ; *ce* adjectif démonstratif se met devant un nom.**

Complète.

...... professeur de sport fait travailler mes biceps et mes triceps. Ils ...... sont foulés la cheville. La séance ..... passe bien. Il faut développer ..... muscle, il a souffert de ..... trop long repos. ..... n'était pas grave, elle ..... dit qu'elle oubliera vite.

2 La proposition relative

C'est une proposition reliée à la proposition principale par un pronom relatif : *qui, que, dont, lequel, où*.

***Exemple :* Le garçon <u>qui est malade</u> (proposition relative) n'ira pas à la piscine.**

Invente trois phrases contenant une proposition relative et souligne-la dans chaque phrase.

....

....

....

3 Les verbes en *cer*

Il faut mettre une cédille devant *a* et *o*.

Conjugue les verbes selon les indications données.

Hier, il *(lancer)* .... le ballon dans le panier.

Demain, nous *(avancer)* .... beaucoup plus vite.

Nous *(plonger)* .... maintenant sans peur.

Hier, tu *(tracer)* .... le terrain de basket.

Mais demain, tu *(déplacer)* .... l'heure de ta séance.

NOM : **PRÉNOM :**

22

NOTIONS ABORDÉES :

_se_ / _ce_ – la subordonnée relative – les verbes en _cer_ et révisions

CORRIGÉS

HORIZONTALEMENT

A Foulure de la cheville.
B Poisson de mer, appelé aussi *cabillaud* – Saison des vacances.
C Partie de l'homme opposée à l'esprit, homonyme de *cor*.
D Pronom personnel, 2e personne du singulier – Étroite bande de tissu coloré qui orne les cheveux des filles.
E Quantité contenue dans la cuve – On la rôtit à Noël.
F Organe double qui filtre le sang, au singulier – Initiales de *route nationale*.
G Il faut 12 mois pour en faire un (au pluriel) – Nom de la famille de *danser*.
H Note de musique – Terminaison des verbes du 1er groupe à l'infinitif.
I La moitié de l'insecte qui provoque la maladie du sommeil – L'athlète a droit à plusieurs au saut.

VERTICALEMENT

1 Initiales de *Étienne Marcel* – Un artiste l'exerce.
2 Qui a lieu pendant la nuit, au pluriel.
3 Participe passé du verbe *trouver*, masculin pluriel.
4 Animal carnassier à épaisse fourrure blanche qui vit dans les pays froids, dont on a enlevé la dernière lettre – Les 2e et 3e voyelles de l'alphabet français.
5 Prendre à nouveau.
6 Participe passé du verbe *savoir*.
7 Terminaison du participe passé des verbes du 1er groupe au féminin – Elles indiquent les distances au bord des routes.
8 Ils s'arrêtent dans les gares.
9 Pronom personnel, 1re personne du singulier – Arrivé – Partie terminale de la tige de blé.

	1	2	3	4	5	6	7	8	9
A	E	N	T	O	R	S	E	■	J
B	M	O	R	U	E	■	E	T	E
C	■	C	O	R	P	S	■	R	■
D	■	T	U	■	R	U	B	A	N
E	C	U	V	E	E	■	O	I	E
F	■	R	E	I	N	■	R	N	■
G	A	N	S	■	D	A	N	S	E
H	R	E	■	E	R	■	E	■	P
I	T	S	E	■	E	S	S	A	I

EXERCICES

avec le rappel de la règle

1 Se / ce

_Se_ pronom personnel se met devant un verbe ; _ce_ adjectif démonstratif se met devant un nom.

Complète.

Ce professeur de sport fait travailler mes biceps et mes triceps. Ils *se* sont foulés la cheville. La séance *se* passe bien. Il faut développer *ce* muscle, il a souffert de *ce* trop long repos. *Ce* n'était pas grave, elle *se* dit qu'elle oubliera vite.

2 La proposition relative

C'est une proposition reliée à la proposition principale par un pronom relatif : _qui, que, dont, lequel, où_.

Exemple : **Le garçon <u>qui est malade</u> (proposition relative) n'ira pas à la piscine.**

Invente trois phrases contenant une proposition relative et souligne-la dans chaque phrase.

La séance, <u>qui m'a beaucoup plu</u>, était basée sur la rapidité. Le petit terrain <u>où les grands jouaient</u> était trop loin. Le sportif <u>dont je vous ai parlé</u> m'a appris la nouvelle.

3 Les verbes en *cer*

Il faut mettre une cédille devant _a_ et _o_.

Conjugue les verbes selon les indications données.

Hier, il *lança* le ballon dans le panier.

Demain, nous *avancerons* beaucoup plus vite.

Nous *plongeons* maintenant sans peur.

Hier, tu *traçais* le terrain de basket.

Mais demain, tu *déplaceras* l'heure de ta séance.

NOM : **PRÉNOM :**

NOTIONS ABORDÉES :

quelle / qu'elle – la subordonnée relative – les verbes en *ger* et révisions

HORIZONTALEMENT

A Accusation mensongère, contraire de *éloges*.
B Participe passé du verbe *ravir* – Abréviation utilisée sur les calendriers pour *saint*.
C Suivre à la trace, suivre la piste.
D Lieu où on travaille, chantier.
E Cérémonies, kermesses, homonyme de *faites* – Abréviation utilisée sur les calendriers pour *sainte*.
F Se sauver devant le danger.
G Petit insecte noir et jaune dont la piqûre est douloureuse.
H Ils tirent le traîneau du père Noël – Verbe *être* au présent, 2e personne du singulier.
I Pronom personnel, masculin singulier – C'est la direction du soleil levant.

VERTICALEMENT

1 Activité qui mobilise toutes les forces.
2 Pointe de terre qui s'avance dans la mer – Participe passé du verbe *avoir*.
3 Tout ce qui touche à la navigation aérienne.
4 Établir une liste – Négation de *et*.
5 Adjectif possessif, pluriel de *ta* – Nom de la famille de *geler*.
6 Fabriqué par les abeilles, c'est le régal des ours – Participe passé du verbe *boire* au masculin pluriel.
7 Verbe *rire* au présent, 1re personne du singulier.
8 Terminaison des verbes du 2e groupe au présent, 2e personne du singulier – Halte, au pluriel.
9 Participe passé du verbe *étirer* – Le point cardinal appelé aussi *levant*.

	1	2	3	4	5	6	7	8	9
A	■								
B					■		■		
C	■							■	
D		■							
E						■			
F					■		■		■
G		■		■					
H							■		
I		■	■			■			

EXERCICES

avec le rappel de la règle

1 *Quelle / qu'elle*

***Quelle* = déterminant du nom, se place devant un nom. *Qu'elle* = elle est un pronom, se place devant un verbe.**

Complète.

.... aventure ! .... invention !

Ce .... me raconte est merveilleux. Mais, hélas !

.... catastrophe quand Blériot est ruiné !

Je pense .... arrivera vers 8 heures pour me

dire .... fin aura cette histoire.

2 La proposition relative

La proposition relative est reliée à la principale par le pronom relatif, qui évite de répéter un nom et qui le complète.

Regroupe les deux phrases en utilisant une proposition relative.

Blériot est né en 1872. Blériot envisageait de traverser la Manche en avion.

....

Il inventera de nombreux appareils. Ces nombreux appareils n'arriveront pas à voler.

....

C'est enfin l'exploit. Cet exploit sera salué par le monde entier.

....

3 Les verbes en *ger*

Ne pas oublier le e devant *a* et *o*.

Conjugue les verbes selon les indications données.

Autrefois, un ingénieur *(encourager)* .... Blériot dans ses recherches.

Il *(songer)* .... que bientôt il volerait seul.

Aujourd'hui, nous *(envisager)* .... de partir en avion à Paris.

NOM : **PRÉNOM :**

23 CORRIGÉS

NOTIONS ABORDÉES :

***quelle / qu'elle* – la subordonnée relative – les verbes en *ger* et révisions**

HORIZONTALEMENT

A Accusation mensongère, contraire de *éloges*.
B Participe passé du verbe *ravir* – Abréviation utilisée sur les calendriers pour *saint*.
C Suivre à la trace, suivre la piste.
D Lieu où on travaille, chantier.
E Cérémonies, kermesses, homonyme de *faites* – Abréviation utilisée sur les calendriers pour *sainte*.
F Se sauver devant le danger.
G Petit insecte noir et jaune dont la piqûre est douloureuse.
H Ils tirent le traîneau du père Noël – Verbe *être* au présent, 2e personne du singulier.
I Pronom personnel, masculin singulier – C'est la direction du soleil levant.

VERTICALEMENT

1 Activité qui mobilise toutes les forces.
2 Pointe de terre qui s'avance dans la mer – Participe passé du verbe *avoir*.
3 Tout ce qui touche à la navigation aérienne.
4 Établir une liste – Négation de *et*.
5 Adjectif possessif, pluriel de *ta* – Nom de la famille de *geler*.
6 Fabriqué par les abeilles, c'est le régal des ours – Participe passé du verbe *boire* au masculin pluriel.
7 Verbe *rire* au présent, 1re personne du singulier.
8 Terminaison des verbes du 2e groupe au présent, 2e personne du singulier – Halte, au pluriel.
9 Participe passé du verbe *étirer* – Le point cardinal appelé aussi *levant*.

	1	2	3	4	5	6	7	8	9
A		C	A	L	O	M	N	I	E
B	R	A	V	I		I		S	T
C		P	I	S	T	E	R		I
D	E		A	T	E	L	I	E	R
E	F	E	T	E	S		S	T	E
F	F	U	I	R		B		A	
G	O		O		G	U	E	P	E
H	R	E	N	N	E	S		E	S
I	T			I	L		E	S	T

EXERCICES
avec le rappel de la règle

1 *Quelle / qu'elle*

***Quelle* = déterminant du nom, se place devant un nom. *Qu'elle* = elle est un pronom, se place devant un verbe.**

Complète.

Quelle aventure ! *Quelle* invention !

Ce *qu'elle* me raconte est merveilleux. Mais, hélas !

Quelle catastrophe quand Blériot est ruiné !

Je pense *qu'elle* arrivera vers 8 heures pour me dire *quelle* fin aura cette histoire.

2 La proposition relative

La proposition relative est reliée à la principale par le pronom relatif, qui évite de répéter un nom et qui le complète.

Regroupe les deux phrases en utilisant une proposition relative.

Blériot est né en 1872. Blériot envisageait de traverser la Manche en avion.

Blériot, qui est né en 1872, envisageait de traverser la Manche en avion.

Il inventera de nombreux appareils. Ces nombreux appareils n'arriveront pas à voler.

Il inventera de nombreux appareils qui n'arriveront pas à voler.

C'est enfin l'exploit. Cet exploit sera salué par le monde entier.

C'est enfin l'exploit qui sera salué par le monde entier.

3 Les verbes en *ger*

Ne pas oublier le e devant *a* et *o*.

Conjugue les verbes selon les indications données.

Autrefois, un ingénieur *encourageait* Blériot dans ses recherches.

Il *songeait* que bientôt il volerait seul.

Aujourd'hui, nous *envisageons* de partir en avion à Paris.

NOM : **PRÉNOM :**

NOTIONS ABORDÉES :

noms masculins en é – révisions – le plus-que-parfait

HORIZONTALEMENT

A Toit arrondi d'un monument, coupole – Enfermer derrière un mur.
B Prénom féminin.
C Éclat de voix, hurlement pointu – Reptile proche du lézard que l'on appelle aussi serpent de verre (au pluriel).
D Qui vit en société.
E Participe passé du verbe *lire* – Une centaine qui a perdu sa lettre finale.
F Auxiliaire – Bois très noir.
G 3ᵉ et 1ʳᵉ voyelles de l'alphabet français – Usages traditionnels.
H Qui se nourrit de viande.
I Animaux têtus aux longues oreilles – Elles sont noires et blanches sur le jeu de dames (au singulier).
J Adjectif possessif, pluriel de *sa* – Interjection pour presser quelqu'un de partir.

VERTICALEMENT

1 Obéissant – Occasion, possibilité, nom masculin il peut être particulier.
2 Autre nom de la note de musique *do* – Animal têtu aux longues oreilles.
3 En revanche, introduit une restriction, homonyme de *mai* – Cris joyeux, contraire de *larmes*.
4 Préposition signifiant *dans* ou pronom – Vastes étendues d'eau salée.
5 Synonyme de *mariage*.
6 Qui appartient à la mer, féminin.
7 Impératif présent du verbe *aller* – Récipients à anse et à bec évasé pour transporter de l'eau.
8 Qui n'est pas imaginaire – Gros animal rongeur.
9 Nuages, nuées, homonyme de *nu*.
10 Partie saillante et pointue en avant de la tête du dauphin (au pluriel) – Pronom ou préposition signifiant *dans*.

	1	2	3	4	5	6	7	8	9	10
A					■					
B		■					■		■	
C				■						
D		■							■	
E			■				■		■	
F					■					
G	■	■			■	■		■		
H										■
I					■	■				
J				■					■	

EXERCICES

avec le rappel de la règle

1 Noms masculins en é

Les noms masculins en *é* s'écrivent le plus souvent *er*. Il y a pourtant des exceptions.

Complète, utilise ton dictionnaire pour vérifier.

un dossi....	un cétac....	le déjeun....	le dîn....
le goût....	un pommi....	le béb....	un poul....
un œill....	un canap....	l'évi....	un cerisi....

2 Révisions

***Quel / quels / quelles / quelle* s'accordent avec le nom.**

Complète.

.... bel animal !

.... mesures prendre pour protéger les dauphins ?

.... sont les marins qui ont été sauvés par les dauphins ?

.... joie d'écouter l'exposé de Julie !

3 Le plus-que-parfait

Il est formé de l'imparfait de l'auxiliaire et du participe passé du verbe conjugué : *j'avais couru, j'étais venu.*

Conjugue au temps demandé.

Présent : elle *(présenter)* ....

Imparfait : tu *(prolonger)* ....

Plus-que-parfait : tu *(vivre)* ....

Plus-que-parfait : il *(protéger)* ....

Passé simple : nous *(trouver)* ....

Imparfait : ils *(permettre)* ....

NOM : **PRÉNOM :**

24

NOTIONS ABORDÉES :

noms masculins en é – révisions – le plus-que-parfait

CORRIGÉS

HORIZONTALEMENT

A Toit arrondi d'un monument, coupole – Enfermer derrière un mur.
B Prénom féminin.
C Éclat de voix, hurlement pointu – Reptile proche du lézard que l'on appelle aussi serpent de verre (au pluriel).
D Qui vit en société.
E Participe passé du verbe *lire* – Une centaine qui a perdu sa lettre finale.
F Auxiliaire – Bois très noir.
G 3ᵉ et 1ʳᵉ voyelles de l'alphabet français – Usages traditionnels.
H Qui se nourrit de viande.
I Animaux têtus aux longues oreilles – Elles sont noires et blanches sur le jeu de dames (au singulier).
J Adjectif possessif, pluriel de *sa* – Interjection pour presser quelqu'un de partir.

VERTICALEMENT

1 Obéissant – Occasion, possibilité, nom masculin il peut être particulier.
2 Autre nom de la note de musique *do* – Animal têtu aux longues oreilles.
3 En revanche, introduit une restriction, homonyme de *mai* – Cris joyeux, contraire de *larmes*.
4 Préposition signifiant *dans* ou pronom – Vastes étendues d'eau salée.
5 Synonyme de *mariage*.
6 Qui appartient à la mer, féminin.
7 Impératif présent du verbe *aller* – Récipients à anse et à bec évasé pour transporter de l'eau.
8 Qui n'est pas imaginaire – Gros animal rongeur.
9 Nuages, nuées, homonyme de *nu*.
10 Partie saillante et pointue en avant de la tête du dauphin (au pluriel) – Pronom ou préposition signifiant *dans*.

	1	2	3	4	5	6	7	8	9	10
A	D	O	M	E	■	M	U	R	E	R
B	O	■	A	N	N	A	■	E	■	O
C	C	R	I	■	O	R	V	E	T	S
D	I	■	S	O	C	I	A	L	■	T
E	L	U	■	C	E	N	■	L	■	R
F	E	T	R	E	■	E	B	E	N	E
G	■	■	I	A	■	■	R	■	U	S
H	C	A	R	N	I	V	O	R	E	■
I	A	N	E	S	■	■	C	A	S	E
J	S	E	S	■	O	U	S	T	■	N

EXERCICES

avec le rappel de la règle

1 Noms masculins en é

Les noms masculins en é s'écrivent le plus souvent *er*. Il y a pourtant des exceptions.

Complète, utilise ton dictionnaire pour vérifier.

un dossi*er*	un cétac*é*	le déjeun*er*	le dîn*er*
le goût*er*	un pommi*er*	le béb*é*	un poul*et*
un œill*et*	un canap*é*	l'évi*er*	un cerisi*er*

2 Révisions

***Quel / quels / quelles / quelle* s'accordent avec le nom.**

Complète.

Quel bel animal !

Quelles mesures prendre pour protéger les dauphins ?

Quels sont les marins qui ont été sauvés par les dauphins ?

Quelle joie d'écouter l'exposé de Julie !

3 Le plus-que-parfait

Il est formé de l'imparfait de l'auxiliaire et du participe passé du verbe conjugué : *j'avais couru, j'étais venu.*

Conjugue au temps demandé.

Présent : elle *présente*

Imparfait : tu *prolongeais*

Plus-que-parfait : tu *avais vécu*

Plus-que-parfait : il *avait protégé*

Passé simple : nous *trouvâmes*

Imparfait : ils *permettaient*

NOM : **PRÉNOM :**

Les mots soulignés ont été utilisés dans les exercices ou les mots croisés.

DICTÉE 1 : Le système solaire

Le système solaire est formé d'une étoile, le Soleil, et de neuf planètes : Mercure, Vénus, la Terre, Mars, Jupiter, Saturne, Uranus, Neptune et Pluton. Les planètes tournent autour du Soleil à des vitesses et des distances différentes.
La Terre est la seule planète habitée. Avec son télescope tout vert, Pierre observe les étoiles et rêve de devenir astronaute un jour.

DICTÉE 2 : La France

Autrefois, la France était gouvernée par un roi dont l'emblème était une fleur de lys.
Puis, à partir de la Révolution, le peuple a élu ses représentants. C'est maintenant un pays de liberté.
La France est un pays aux paysages très variés. En période hivernale, tu chausses tes skis et tu dévales les pentes des Alpes ou des Pyrénées. En été, tu surfes sur l'écume des vagues de l'océan Atlantique.
En toute saison, tu peux admirer des panoramas superbes.

DICTÉE 3 : Voyage à Venise

Venise est une ville du bord de mer qui s'étend sur un ensemble de cent dix-huit îles. Dans cette ville, nous nous promenons à pied dans les ruelles ou en gondole sur les canaux. Nous prenons de superbes photos des belles façades des palais, des ponts qui enjambent les canaux et des places où se posent les pigeons. Mais le brouillard se lève, nous enrageons car nous devons nous arrêter. Le gondolier est navré.

DICTÉE 4 : Christophe Colomb

Christophe Colomb embarque le trois août mille quatre cent quatre-vingt-douze sur la Santa Maria. Dans son sillage deux autres caravelles suivent : la Niña et la Pinta. Avec les instruments de l'époque, dont la boussole, Christophe Colomb met le cap à l'ouest pour rejoindre les Indes.
Le voyage est difficile. Certains marins ont peur et sont fatigués.
Enfin, le onze octobre, Christophe Colomb et son équipage aperçoivent la terre. Ils découvrent, sans le savoir, le continent américain.

DICTÉE 5 : C'est la rentrée

Les arbres se parent de belles couleurs. Mamie termine ses confitures de prunes. Papi ramasse les dernières noisettes et les noix. Papa met de grosses pierres au bas de la colline, près de notre chalet, pour le protéger des coulées de boue.
Quant à moi, je joue avec Étienne, mon fidèle camarade. Notre amitié est sincère et nous aimons nous retrouver. De notre poche nous sortons chacun notre plus belle bille. Nous nous les échangeons en signe d'au revoir. Vive les vacances prochaines !

DICTÉE 6 : Histoire fantastique

Pierre écoute de la musique dans sa chambre. Soudain, Oscar, sa peluche, sort de son coffre à jouets secret. Il prend une flûte et se met aussitôt à jouer un air gai. Des fées apparaissent alors et dansent. Les couvre-lits, la lampe, les crayons et les livres de classe s'agitent. Tout bouge.
Pierre a peur. Que va-t-il se passer ?

DICTÉE 7 : Les croquis d'Angélique

Ce matin, Angélique se lève vers huit heures. Elle prend aussitôt son croissant et son sirop grenadine. Elle est pressée car elle doit rendre ses croquis à son maître. D'un geste souple et précis, elle les termine rapidement. Ces croquis annoncent une très belle histoire. On distingue beaucoup d'animaux : des rats, une vipère, un cheval aux sabots rouges. Angélique termine après trois heures de travail. Elle s'accorde un moment de repos et puis part montrer son travail à son maître.

DICTÉE 8 : La bergerie

C'était une grande bergerie qui pouvait contenir cinq cents brebis.
Mon père était éleveur et produisait de la laine. Son épouse, donc ma mère, nous élevait et aidait

mon père. Nous étions six à la maison. Ma mère coiffait ma sœur avec une natte. Nous n'étions jamais malades, jamais un rhume ou une grippe. Une pomme reinette comme goûter suffisait à notre bonheur.
Pendant longtemps nous sommes allés à l'école en vélo. C'était une belle vie d'écolier.

DICTÉE 9 : Minos et la naissance du Minotaure

La Crète est l'île du roi Minos. Une légende raconte que le roi refusa de faire le sacrifice d'un beau taureau blanc, espèce rare, au dieu Poséidon. Ce dieu de la mer, pour le punir, rendit la femme du roi Minos amoureuse du taureau. Elle donna alors naissance au Minotaure, moitié homme, moitié taureau. Minos cacha le Minotaure dans un labyrinthe.
Pendant des années, le Minotaure exigea qu'on lui donne de jeunes humains. Heureusement, un fils de roi, Thésée, parvint par la ruse à tuer le monstre.

DICTÉE 10 : La découverte d'un dolmen

Au cours d'une promenade, nous découvrîmes un énorme dolmen. C'était un vaste monument. Nous décidâmes d'explorer les alentours. En grattant en profondeur, Antoine aperçut des os. C'était probablement le début d'une grande aventure. Mais un chien vint à notre rencontre et se fit menaçant. D'une voix douce comme de la soie, Sophie le calma. Nous décidâmes de revenir sur les lieux le lendemain.

DICTÉE 11 : Une superbe randonnée

Un matin très tôt nous partîmes, moi et deux camarades, rejoindre le sommet « Le pic vert ». Notre âne nous accompagna pour transporter le matériel.
Nous marchâmes le long d'un profond précipice, sans mettre toutefois notre vie en péril, puis nous empruntâmes le long sentier à travers la montagne. C'était une rude montée. Arrivés au pied du mont, nous attachâmes notre âne solidement autour d'un arbre. Alors nous commençâmes l'escalade.
Enfin le sommet ! Nous étions épuisés, mais quelle vue superbe !

DICTÉE 12 : La seconde guerre

En mille neuf cent trente-neuf débute la Seconde Guerre mondiale ; Hitler, chef nazi, rêve de dominer le monde. Avec des engins modernes, des chars à chenilles puissants, des avions redoutables, il parvient à dominer l'Europe. La France doit se rendre. Heureusement, des hommes résistent et continuent le combat. Ce sont les *résistants*. Avec l'aide des Alliés, notamment celle des Américains, la paix sera signée en mille neuf cent quarante-cinq. Hitler et le régime nazi ont perdu la guerre.

DICTÉE 13 : Un génie : Léonard de Vinci

Léonard de Vinci est né en 1452 en Italie. Il est très tôt attiré par le dessin. Adulte, il est très intéressé par les sciences, la peinture, la sculpture, l'anatomie. François Ier le fait venir en France en 1512. Obstiné et génial, il a réussi des choses étonnantes.
On a par exemple retrouvé dans son journal les croquis d'un char, d'un parachute, d'une vis.
Son œuvre la plus célèbre est le tableau de la Joconde. On peut la voir au musée du Louvre.

DICTÉE 14 1 : Le chat et le rat

Un chat, dont la ruse est connue, regardait un rat qui n'osait pas sortir de son trou. Il lui dit aimablement : « Mon ami, ne crains rien : maintenant, je veux vivre en bonne intelligence avec toi et ta famille ; je vous défendrai contre vos ennemis. Tu peux sortir en toute confiance. » Le rat se laissa prendre à ces douces paroles, s'approcha du chat qui le saisit et le croqua.

DICTÉE 15 : Un aveu terrible

Dans une semaine, la famille Dupont partira en Suède. Hakim retrouvera son correspondant. Ils pourront jouer au football. Mais avant, Hakim doit soigner sa cuisse blessée. Avec des massages réguliers la douleur disparaîtra.
Séverine, la petite sœur, parfois un peu sotte, prépare pour sa correspondante des masques et des déguisements.
Mais la maman, avant de partir, fait un aveu à ses enfants : « J'ai peur en avion. »
La famille va-t-elle quand même partir ?

DICTÉE 16 : Le petit « roi »

Assise sur la chaise du salon, Mamie prend dans la paume de sa main deux legos et les tend à son petit-fils. Ce « petit roi » n'en veut pas, il préfère les livres.
Demain, Mamie lui apportera donc un livre sur les insectes et les oiseaux. Il verra comment le colibri et l'abeille se nourrissent. Il oubliera alors son caprice de la veille et embrassera très fort sa gentille Mamie.

DICTÉE 17 : La cigogne

Pierre est inquiet car il ne voit plus de traces de cigognes chez lui, plus de nid colossal perché sur la cheminée. Alors son père lui explique que la cigogne blanche est un oiseau migrateur qui obéit à des rites particuliers. Ainsi, avant l'arrivée du froid, elle s'exile vers les pays chauds. Elle va y chercher asile car elle manque de nourriture chez nous en hiver. Mais aujourd'hui c'est encore l'été. Les résineux du parc sont malades, les cigognes ne viennent plus. Pierre est triste et veut réagir devant la pollution qui chasse les cigognes.

DICTÉE 18 : Une petite fille trop gâtée

Sophie est triste. Pour son anniversaire elle n'a eu que deux disques, trois livres et une belle veste. Ses parents pensent que c'est suffisant, mais Sophie n'est jamais satisfaite, elle n'en a jamais assez.
Pourtant, c'est une petite fille qui fait beaucoup de sottises. En faisant la cuisine, elle a recouvert sa jupe d'auréoles d'huile. Un jour, elle a plâtré la jambe de son petit frère qui était tombé en glissant. Papa a du prendre le marteau pour casser le plâtre.

DICTÉE 19 : Julie révise

« Napoléon est un Corse, il a créé le Code civil. Le pouvoir de l'État était entre ses mains », récite Julie. Elle apprend sa leçon, car elle veut une bonne note au contrôle de demain. Dans la cuisine, sa maman l'aide tout en préparant un potage à l'oseille. Sans erreur et à toute vitesse, Julie lui récite à nouveau sa leçon.

DICTÉE 20 : Cataclysmes météo

Les ouragans, les tornades ou les tempêtes sont de plus en plus fréquents sur notre planète. La météo, qui prévoit le temps, prévient les habitants de l'arrivée de ces cataclysmes. Ainsi, les gens peuvent se réfugier dans des endroits sûrs.
Quant aux dégâts causés par ces phénomènes, ils sont souvent très importants. Quand une tornade est annoncée, tout est fermé : l'aéroport, les commerces… et il faut attendre que le calme revienne.

DICTÉE 21 : Je passe à la télé

Antoine a entrepris de participer à l'émission : « Toujours plus ». Il pense gagner au moins douze mille euros à cette partie. Le spectacle commence. L'émission est présentée par le célèbre Pierre Grandimanche. Espérons qu'Antoine sera un brillant candidat et qu'il fera mieux que le précédent qui n'a gagné que mille cinq cents euros !

DICTÉE 22 : La reprise

Hier, après deux entorses et deux mois de repos, j'ai enfin pu reprendre le sport. C'était l'occasion de refaire travailler mes biceps, triceps et autres muscles de mon corps. La séance, basée sur la rapidité et la souplesse m'a beaucoup plu. En fin de séance, le professeur nous a proposé un jeu de basket. Après plusieurs essais, j'ai réussi à mettre des paniers. Ensuite, quand les grands sont arrivés, ils nous ont refoulés vers les deux petits terrains. Ce n'était pas grave, nous avions fini !

DICTÉE 23 : Blériot, pilote français

Blériot est né en mille huit cent soixante-douze, il a d'abord travaillé dans l'automobile. Puis, il s'est passionné pour l'aviation. Il inventera dans son atelier de nombreux appareils qui n'arriveront pas à voler. Blériot est ruiné.

Puis, avec un ingénieur, il réalisera le Blériot XI. Le vingt-cinq juillet mille neuf cent neuf, Blériot, à bord de son Blériot XI, envisage de traverser la Manche. Au bout de trente-sept minutes, il atterrit sur une piste en Angleterre. C'est enfin l'exploit, et quel bel exploit, salué par le monde entier.

DICTÉE 24 : Quel bel animal !

Aujourd'hui, je suis pressé d'écouter Julie car elle nous présente son dossier sur le plus bel animal des océans : le dauphin.

Le dauphin est un mammifère marin carnivore. Sa tête se prolonge en forme de bec appelé rostre. Ses nageoires lui permettent de se déplacer rapidement dans l'eau. Très social et docile, le dauphin vit en groupe. On en trouve dans tous les océans. C'est le seul cétacé à accorder son amitié et son aide à l'homme. Le dauphin a guidé ou sauvé de nombreux marins perdus.

Maintenant, il est urgent de les protéger.